MÉLANGES

DE NUMISMATIQUE ET D'HISTOIRE,

ou

CORRESPONDANCE

Sur les médailles et monnaies des Empereurs d'Orient, Princes croisés d'Asie, des Barons français établis dans la Grèce, des premiers Califes de Damas, etc.

PREMIÈRE

Monnaie épiscopale, sous les Mérovingiens, *seule monnaie d'or* légitime *d'un Evêque français.*

Avec figures, dont 36 de médailles et monnaies inédites du cabinet de l'auteur ;

Par N. D. MARCHANT.

DIEX LE VOLT

PARIS,

F. J. FOURNIER le jeune, libraire, rue Serpente, n°. 4;

METZ,

L. DE VILLY, libraire.

1818.

MÉLANGES

DE NUMISMATIQUE

ET D'HISTOIRE.

Les exemplaires ont été déposés à la Bibliothèque.

A METZ, DE L'IMPRIMERIE DE C. LAMORT.

MÉDAILLES GRECQUES

ET ARABES,

Attribuées à l'empereur LÉON IV, Chazare, par M. l'abbé Sestini.

Michaud a Metz.

A Monsieur le baron SILVESTRE DE SACY, de l'académie royale des inscriptions et belles-lettres, Officier de l'ordre Royal de la légion d'honneur, etc.

MONSIEUR LE BARON,

ENCORE reconnaissant de l'obligeance avec laquelle vous avez bien voulu consacrer des momens précieux à l'examen de quelques monnaies orientales de ma collection, je viens vous soumettre une opinion nouvelle sur des médailles frappées à Damas, dont j'ai l'honneur de vous adresser les dessins fort exacts.

Deux de ces médailles ont été publiées par M. Mionnet, d'après l'abbé Sestini; mais l'œil si pénétrant du savant abbé ne se serait-il pas montré en défaut, en attribuant à Léon Chazare des médailles qui sont d'une fabrique et d'un style évidemment antérieurs ? (1)

Il faut considérer en effet que la ville de Damas a été prise par le premier calife Aboubècre, dès la 13e. année de l'hégire, 634 de J. C., 24e. du règne d'Héraclius, plus de 140 ans avant celui de Léon Chazare, qui associé à l'empire en 751, n'a régné seul qu'en 775. L'on sait aussi que les califes

_____

(1) De la rareté et du prix des médailles romaines, par T. C. Mionnet, chevalier de la légion d'honneur, premier employé au cabinet des antiques de la bibliothèque du roi. Paris 1815.

firent frapper à leurs coins dans cette nou‑
velle capitale de leur empire, en 76 de l'hé‑
gire, 696 de J. C., 2ᵉ. année du règne de
l'empereur Léonce II.

Jusques là les chefs de l'islamisme se ser‑
virent des monnaies romaines, grecques et
persannes. Qu'ils aient alors permis que les
monétaires de Damas continuassent l'emploi
des coins des empereurs de Constantinople,
cette conjecture n'aurait rien que de très‑
probable, *s'il eût existé dans cette ville
un atelier monétaire ;* mais il serait toujours
difficile de croire qu'ils aient souffert la con‑
fection de nouvelles matrices au nom et à
l'effigie des successeurs de Léonce. Si cette
inconvenance avait eu lieu, il nous en se‑
rait resté de nombreux témoins. M.
l'abbé Sestini ne peut d'ailleurs ignorer
qu'aucun des différens que présentent les
exergues des monnaies impériales des bas
siècles n'est applicable à la ville de Damas.

Dans les médailles de ma suite bysantine,
dont plusieurs sont en tout semblables à

celles de l'abbé Sestini, on remarque distinctement la lettre т, à droite de la figure impériale. Cette lettre doit faire partie de la légende, dont les trois premiers caractères ΛЕO sont à gauche. Dans une quatrième médaille la lettre o se trouve, sans doute par l'erreur du monétaire, remplacée par un Φ. On distingue dans deux de ces médailles, immédiatement au-dessus du т, un symbole difficile à bien reconnaître, et qui ressemble un peu à la cigogne d'une médaille d'argent de la famille Cæcilia : peut-être est-ce la partie antérieure d'un chameau?

Une autre médaille inédite, de la même suite, présente au droit la figure d'un empereur, comme dans les médailles Arabes, avec la demi-légende ΛЕO à gauche, et la lettre т très-distincte à droite. Le revers est toujours la grande M, à droite de laquelle on lit les lettres ΑΝO (sic) superposées; des caractères numéraux peu conservés, sont à gauche : l'exergue renferme les lettres ΔAM, abrégé de ΔAMAΣKOΣ. On voit au-dessus de la grande M un monogramme figuré à-peu-près comme celui qui se trouve communément sur les médailles de bronze de la famille d'Héraclius. Entre les jambages de l'M on aperçoit deux caractères couchés, dont le supérieur est un C, et l'autre un I. Ces caractères qui se trouvent également sur les médailles arabes, étaient sans doute mal conservés dans la troisième médaille de l'abbé Sestini, son graveur les ayant remplacés par un Ω, comme il a remplacé le monogramme par un P, et les lettres numérales par des étoiles. Cette médaille ne diffère du nº. 3 du savant abbé, qu'en ce que la légende au droit, est ΛEO..T, au lieu de ΔAMAΣKOΣ.

Pour aider à l'éclaircissement de la question, j'ai fait dessiner et graver avec la plus scrupuleuse attention, celles de ces médailles dont la conservation n'est pas douteuse.

Si ces monnaies, et sur-tout le nº. 1ᵉʳ, étaient de coins impériaux, elles devraient,

sans difficulté, être attribuées à l'empereur
Léonce II, dont le règne commencé en 695
de J. C., répond exactement à la 75ᵉ. année
de l'hégire, qui a précédé immédiatement
celle où le calife Abdolmaleck fit frapper
les premières monnaies musulmanes, 80 ans
avant le règne de Léon Chazare.

Mais *il n'y avait pas d'atelier monétaire
impérial à Damas*, et cette circonstance,
que l'on ne peut révoquer en doute, change
tout-à-fait l'état de la question en la rame-
nant à des termes plus simples.

Tout considéré, il est probable que ces
monnaies ont été frappées par les premiers
califes, avant l'adoption du système monétaire qu'ils ont commencé à mettre en usage
en 696 de J. C., 76 de l'hégire, 2ᵉ. de Léonce
II. L'omission d'une N. dans le mot ANNO,
la substitution d'un Φ à l'O du mot ΛΕΟ..Τ,
sont des témoins du peu de savoir des graveurs de Damas, et ces fautes elles-mêmes
nous confirment dans l'opinion que ces pièces
sont des essais de monnaies dont la politique

des Musulmans a commandé de rapprocher le style et la fabrique du système monétaire des empereurs, pour en favoriser le cours. La médaille n°. 1, aurait été un premier essai sans mélange de la langue arabe. Les n°s. 2, 3 et 4, où l'arabe se trouve associé au grec, soit que le droit offre pour légende le différent ΔΑΜΑΣΚΟΣ, ou le nom de l'empereur ΛΕΟ..Τ. ont bientôt remplacé cette première monnaie, pour ensuite céder le pas aux monnaies entièrement arabes. Ces dernières présentent pour la première fois la figure d'un calife, et l'on n'y trouve plus de l'ancien type que la grande M des monnaies de l'empire, signe qui suffisait pour assurer leur circulation, et à la conservation duquel la religion des califes ne pouvait rien opposer. Le n°. 5 de nos dessins donnera une idée suffisante de cette troisième monnaie de transition qui doit être considérée comme antérieure au n°. 6 que j'ai cru devoir y joindre. Cette dernière monnaie est rapportée par Niebuhr,

avec quelques légères différences, parmi lesquelles il a cru découvrir la date 616, qui n'est
en rapport avec aucune des ères qu'em-
ployaient alors les peuples de l'Asie. (2)

L.1.

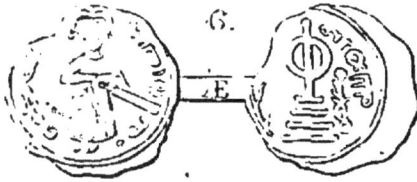

D'après le style de ces médailles, et l'attitude de la figure impériale qui y est représentée, j'avais classé au même *Léonce II,*
des médailles de bronze d'une conservation
parfaite, ayant au droit le même type d'un
empereur debout, tenant de la droite une
longue croix, et de la gauche le globe sur-
monté d'une croix, avec la légende grecque
Ɛυ τουτο νικα, pour νικατερ. Les revers sont,

(2) Description de l'Arabie; préface, page 29: tab. X, n°. 4.

dans les unes, la grande M accolée et sur-
montée de trois petites croix, et, dans les
autres, la lettre K également accompagnée
des trois croix. A l'exergue des unes et des
autres se remarque en lettres latines le différent de Carthage, C. R. T. G. (Fig. 7 et 8.)

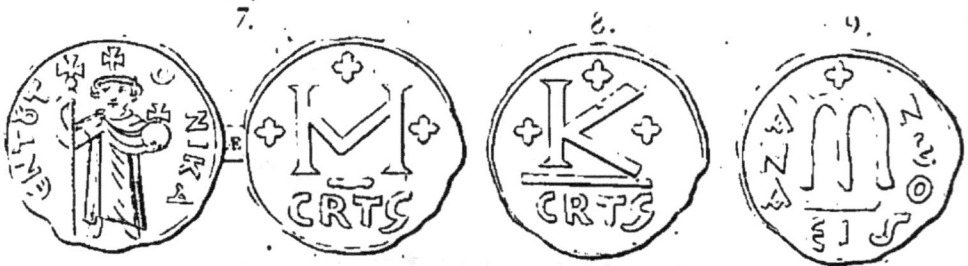

Michaud à Metz.

M. Cousinery, consul général de France
dans le Levant, savant modeste autant qu'ad-
ministrateur éclairé, à qui je fis voir ces
monnaies en 1813, les donnait à Léon Chazare, sans être arrêté par le différent de
Carthage qui, enlevée aux Grecs, en 697,
sous Léonce II, reprise la même année,
a été détruite plutôt qu'incorporée à la monarchie des califes en 698, sous le même

Léonce II, 77 ans avant le règne de Léon Chazare.

Cette fastueuse légende, εν τουτο νικα, me paraissait convenir assez bien à Léonce, qui, pour quelques instans, avait ramené la victoire sous les drapeaux grecs opposés aux musulmans.

Mais une nouvelle rencontre m'a fait renoncer à cette opinion. Il m'est parvenu plusieurs médailles, offrant au droit le même type, la même légende, et pour ainsi dire, les mêmes linéamens (3), dont le revers est constamment la grande M, des monnaies de bronze de ce siècle, accompagnée de six caractères placés perpendiculairement à droite et à gauche, comme le mot ANNO et les lettres numérales correspondantes sur les monnaies d'Anastase à Pogonate.

Il était difficile de trouver un sens à cette légende que je ne parvins à lire complètement,

_____

(3) Sur cinq de ces médailles la figure est imberbe, sur la sixième elle est barbue, dans le genre adopté par Coustant père de Pogonate, mais avec beaucoup moins d'ampleur.

qu'après la confrontation de plusieurs médailles semblables, plus ou moins dégradées.
J'obtins enfin la certitude de l'existence in-
variable des caractères. ANA à droite et NEO
à gauche, qui réunis et lus par la droite,
forment le mot Αναυεο, abrégé d'Αναυεοωσις,
qu'il faut traduire par *revocatio*, *restitutio*,
rétablissement, rappel. (4)

Cette heureuse trouvaille, jointe à l'existence du différent de Carthage dans les premières médailles, à son absence dans les
autres, réunie à toutes les données du style
et de la fabrique, et aux documens de l'histoire, ne m'a plus permis de laisser à
Léonce II; et encore moins à Léon Chazare,
des médailles que tout invite à donner à

---

(4) Fig. 9. Ducange, et après lui Bandari, ont rapporté une
de ces médailles parmi les incertaines de Jean Zimisces, qui
sont de plusieurs règnes. Mais la substitution de la lettre C
à l'N qui se trouve en tête de la seconde partie de la légende,
n'a plus laissé de sens. Le savant Ducange cependant, sans
y attacher d'idée principale, et lisant la médaille en réunissant à
la légende le seul exergue dont il eut connaissance, y a soup-
çonné, *forte*, dit-il, le mot Αναυεοωσις, qu'il traduit par *revocatio*,
scilicet imperii : ». Ducange, hist. Bysant. p. 152.

Justinien II. *Rhinotmète*, déposé, mutilé et déporté par Léonce, en 695, et rétabli en 705. Les pièces qui portent le différent de Carthage sont antérieures à l'expulsion de ce prince ; les autres ont été frappées depuis son rétablissement, Ανατσοωσις, après la destruction de cette ville. Ces médailles sont de petits monumens (5).

L'inscription Εν τουτο νικα, ne semblera pas moins convenir à Justinien qu'à Léonce,

---

(5) Les inscriptions lisibles des exergues de ces médailles sont ΕΙΣ—C/ΓΙ—XI, les autres sont effacées. L'on sait qu'en général les exergues des monnaies du bas empire sont jusqu'au règne de Justinien II, à-peu-près exclusivement consacrés à la désignation des ateliers monétaires ; si cet usage a cessé vers cette époque, c'est que la fabrication des monnaies impériales était réduite à la seule ville de Constantinople.

En essayant ici une conjecture, ne pourrait-on pas soupçonner qu'on ait eu l'intention de spécifier des dates par ces caractères substitués aux différens de l'exergue ? Dans ce cas C/ΓΙ, en majuscules, n'offrirait-il pas la date 4 unie au différent de Constantinople ? ΕΙΣ en toutes lettres, peut désigner le nombre un. Nous aurions là l'an 1er. et l'an 4 du rétablissement de Justinien. XI peut désigner le nombre 30, et la médaille présente encore dans le champ la lettre E, ou le nombre 5. La cinquième année du rétablissement était aussi la trentième et dernière du règne entier de Justinien ? ? ?

sous un autre rapport à la vérité. Elle serait alors relative au type impérial gravé sur la médaille, et à la longue croix que l'empereur tient de la droite. Ce serait quelque chose d'analogue à la belle devise de la famille de Constantin, *Hoc signo victor eris*. L'on sait que Justinien II, prince d'une épouvantable barbarie, a introduit l'usage de placer la figure du Christ au revers des médailles ou monnaies de Constantinople, en se donnant à lui-même le titre de *serviteur du Christ*. Monstrueuse affectation d'une piété religieuse démentie par les actes d'une tyrannie délirante! Mais la politique du gouvernement grec menacé de toutes parts par l'audace croissante des Musulmans et des Bulgares, ne pouvait chercher ses défenseurs que sous l'étendard de la croix. (6)

Je n'ose me flatter, Monsieur le baron,

---

(6) Je n'entreprendrai pas de résoudre la difficulté de l'emploi du grec pur sur des médailles de bronze de Justinien II, quand ses monnaies d'or sont toutes latines.

que vous approuviez en entier mon explication ; mais elle m'a paru réunir en sa
faveur assez de probabilités pour n'être pas
trop indigne de vous être présentée.

Je m'abstiens, comme je le dois, de rien
dire au hasard sur les légendes arabes de
ces médailles; je ne puis que vous donner
la certitude du soin que le graveur a mis à
copier exactement ce qui est visible.

Je vous prie, Monsieur le Baron, d'agréer
avec bonté l'hommage de mes sentimens
respectueux et reconnaissans.

MÉDAILLES
INÉDITES

Des empereurs NICÉPHORE I, ROMAIN III, ROMAIN IV, et NICÉPHORE III.

A Monsieur le Chevalier MILLIN, conservateur du cabinet des antiques de la bibliothèque du Roi, de l'ordre Royal de la légion d'honneur, etc.

MONSIEUR LE CHEVALIER,

Vous avez pensé que mon interprétation de la légende des médailles latines de Vabalathus, sentait un peu le père Hardouin ; aussi ne l'exposerai-je au jugement des critiques qu'avec le signe du doute et la confiance la plus modérée.

Je réclame aujourd'hui votre opinion sur un petit travail du même genre, dont les médailles qui sont dessinées en tête de cette lettre m'ont fourni le sujet. De ces médailles singulières le n°. 2 se trouve rapporté par Ducange, à l'article des incertaines de Jean Zimisces; mais, par une erreur remarquable, le graveur, tenant mal la médaille, en a donné le droit renversé, en substituant encore la lettre o au φ qui existe très-distinctement sur six individus de ma suite Bysantine, et donnant à rebours la lettre c, initiale constante de ces sortes d'inscriptions.

Ces médailles se prêtaient difficilement à une interprétation. Je suis parvenu cependant, en comparant entre eux plusieurs individus, à reconnaître que les lettres de la diagonale c Δ sont invariables, tandis que l'autre diagonale s'est présentée avec différentes variétés. Convaincu d'ailleurs qu'il est souvent nécessaire de considérer, sur les médailles, les lettres qui n'offrent pas un sens par elles-mêmes, comme des initiales de mots ou de syllabes, je retournai de cent façons les deux diagonales (1).

Le résultat de mon obstination a été la certitude qu'il s'agissait d'une invocation à la croix, Σταυρε (2), en faveur de l'empereur, Δεσποτης. Mais il a fallu que je m'assurasse de l'époque vraie de l'emploi du titre Δεσποτης, en remplacement de Βασιλευς, et du temps où les invocations ont reparu sur les médailles, depuis Théophile, pour parvenir à classer ces monnaies.

Je crois qu'il est très-probable que le titre Δεσποτης n'a remplacé Βασιλευς, sur les médailles, que sous l'empereur Romain Dio-

---

(1) Je m'empresse de déclarer que la première idée de ce travail m'a été suggérée par M. Cousinery, consul général de S. M. dans le levant, dont le savoir n'est inférieur qu'à sa modestie.

(2) Le C latin a remplacé le Σ, sur les médailles, dès le haut empire.

gène, pour des canses particulières. Par un
sentiment de respect religieux très-louable,
ce dernier titre fut ensuite presque exclusivement consacré à la divinité.

Le Δεσποτης de Staurace et de Théophile
n'avait d'autre signification que celle de
César. La médaille douteuse attribuée par
M. l'abbé Sestini à Léon V, l'Arménien, si
elle est authentique, ne peut être considérée que comme le simple essai d'un chan-
gement qui n'a pas été adopté par les successeurs de Léon. Peut-être encore cet usurpateur n'a-t-il pas osé s'attribuer un titre
plus considérable? Le n°. 1er. de Nicéphore II, dans l'ouvrage du savant chevalier
Mionnet (2), me paraît appartenir à Botoniate; quand la médaille de petit-bronze
attribuée par le même auteur à l'empereur
Isaac Comnène, est incontestablement d'I-
saac Lange. Enfin, il est probable que la

_____

(2) De la rareté et du prix des médailles romaines, 8°.
Paris 1815.

médaille du musée de Florence, citée par M. Mionnet à l'art. de Constantin XIII, est du fils de Michel VII, qui se trouve dans l'or avec son père et son aïeule Eudocie, et avec cette impératrice seule dans le bronze (3).

Après avoir acquis la certitude qu'il existe peu d'invocations qui soient antérieures à Romain IV, je me suis arrêté à lire ces médailles de la manière suivante, en les classant à cet empereur et à Nicéphore Botoniate.

Fig. 1. Σταυρε Φυλάσσε Ρωμανου Δεσποτην,

Fig. 2. ——— ——— Νικηφόρον ———

Fig. 3. ——— { Καθίσταστε / Καθίστηθι } (4) Ρωμανον ———

On m'accusera peut-être d'exclure à tort Romain Ier., Romain II et Romain Argyre. Mais il faut considérer que les empereurs de Constantinople se sont montrés

---

(3) Lettre VI, à M. Durand.

(4) Φυλάζζω, conserver, défendre, protéger. Καθίσταμαι, fortifier, rétablir en son premier état. Καθίστημι, rétablir, rassurer, raffermir. Sur une de ces médailles, la deuxième lettre semble se rapprocher des formes du B. Il faudrait alors employer le verbe Βοηθεω, qui se retrouve souvent sur les médailles des successeurs de Romain Diogène.

fort attachés à la constance des types qu'ils avaient adoptés, et qui, fort heureusement pour nous, se présentent avec des différences qui constatent d'une manière admirable les époques principales, qu'elles déterminent souvent seules avec certitude.

L'on doit présumer que l'empereur Romain II, s'il existe des médailles où ce prince se trouve seul (5), a dû conserver le type et les formes des médailles de Constantin X, Porphyrogénète, et de Romain Lécapene, Βασιλοπατορ, dans lesquelles la lettre R, initiale des mots Ρωματος et Ρωμαιων, est toujours latine.

D'un autre côté, Nicéphore I, Logothète, prend le titre de Βασιλευς sur une médaille de moyen-bronze, inédite, dont la fabrique et le type sont en rapport avec les monnaies de la famille de Léon l'Isaurien.

Βασιλευς se retrouve encore sur une mé-

_____

(5) Les médailles de M. B. à une seule tête, attribuées à Romain II, me paraissent être de Romain Ier. : la barbe qui s'y remarque, ne peut convenir à Romain II.

daille unique, également de moyen-bronze, de Romain Argyre (6).

L'on ne peut trouver extraordinaire que Romain Diogène ait employé deux et peut-être trois verbes, cet empereur s'étant trouvé dans deux situations très-différentes. Le numéro premier de nos médailles est relatif à la première, tandis que le numéro 2 est parfaitement en rapport avec les circonstances malheureuses dans lesquelles s'est trouvé Diogène, lorsqu'il fut fait prisonnier par les Turcs en 1071. La connaissance de ce désastre, parvenue à Constantinople avant l'éclat des événemens préparés par le César Jean Ducas, était de nature à intéresser assez pour que le monétaire y ait pris le motif de changer le verbe de l'invocation pour la rendre plus convenable à l'état des choses.

La légende du revers de la médaille de Romain Argyre, m'invite à classer à ce prince une médaille unique de petit-bronze,

_____

(6) Fig. 4 et 5.

sans légende. (Fig. 6.) L'inscription du re-
revers de cette monnaie, et la manière
sévère du buste impérial qui s'y remarque,
me paraissent des motifs suffisans pour y
reconnaître le sénateur Argyre, forcé par
Constantin XI d'abandonner à 55 ans l'étude
et les sciences, pour recevoir avec la
pourpre la main de Zoé.

*Veuillez, monsieur le chevalier, agréer
avec bonté un nouvel hommage de mes
sentimens reconnaissans.*

L. 2.

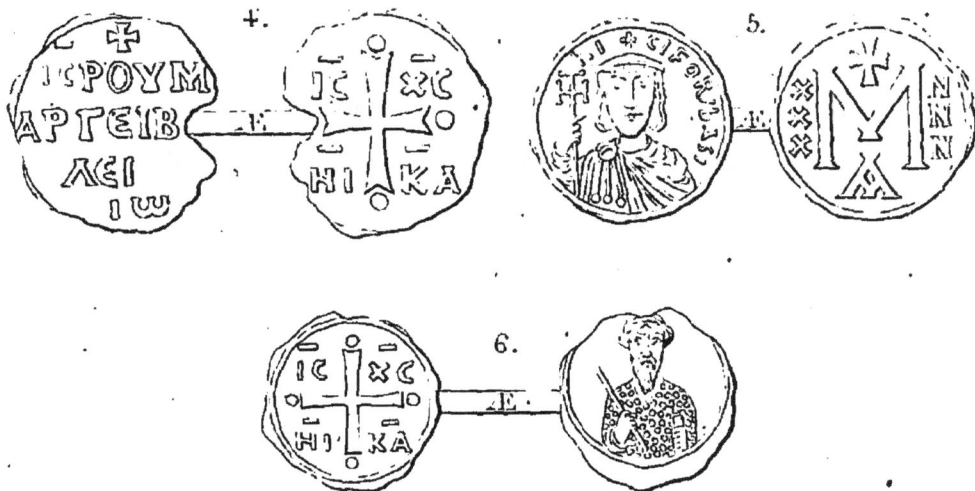

Michaud à Metz

FAMILLE

DE LÉON III, L'ISAURIEN.

Médaille inédite d'EUDOCIE, 3ᵉ. femme de CONSTANTIN V, Copronyme.

METZ,
5 Juillet
1817.

A Monsieur le Chevalier MIONNET, premier employé au cabinet des antiques de la bibliothèque du Roi.

MONSIEUR LE CHEVALIER,

CHAQUE jour l'histoire numismatique des empereurs de Constantinople s'éclaircit, les lacunes se remplissent, les erreurs et les fausses attributions se rectifient. Les monnaies du bas empire trop long-temps méprisées, rejetées des collections, par suite de la défaveur attachée au mauvais goût de leur style et de leur fabrique, y rentrent maintenant avec honneur, sinon comme des objets d'art, des monumens curieux, du moins comme des preuves de l'histoire, des témoins irrécusables d'événemens qui ont intéressé d'illustres familles, en exerçant diverses influences sur la situation des peuples (1).

J'ai l'honneur de vous proposer, monsieur le chevalier, la rectification d'une erreur qui s'est, à votre insçu, glissée dans votre *vade-mecum* sur les médailles romaines (2).

On a depuis long-temps l'habitude de considérer comme appartenant à l'impéra-

---

(1) Pourquoi l'histoire de Constantinople, qui se lie si intimement à celle des français, sous les deuxième et troisième races de nos rois, dont une partie essentielle nous appartient presqu'exclusivement par les croisades, offrirait-elle un moindre intérêt que l'infructueuse recherche des obscures dynasties des rois de la *Characène*, du *Bosphore*, etc. ?

(2) De la rareté et du prix des médailles romaines. Page 325.

trice Irène de Léon Chazare, la fameuse
Irène II, la plupart des têtes de femme,
dont la coiffure est ornée des singulières
pointes qui se remarquent sur la médaille
d'or de cette princesse où elle est au revers
de sa propre tête. C'est ainsi, monsieur le
chevalier, que vous avez classé à Constantin
VI et Irène II, une rare médaille d'or nou-
vellement placée au cabinet des antiques de
la bibliothèque. Cette médaille offre au droit
la figure de l'empereur, ayant à sa gauche
une impératrice, coiffée à-peu-près comme
l'est Irène II. Trois bustes couronnés occupent le champ du revers. Le peu de conservation des légendes et de la médaille elle-
même, a occasionné cette méprise.

Rappelons d'abord, puisqu'il est question
de la famille de Constantin V, que l'impératrice Irène, sa première femme, n'a eu
qu'un fils, Léon Chazare, et qu'ainsi toute
médaille offrant un revers à plusieurs têtes
ne peut lui appartenir (3).

_____

(3) Il faut donner à cette Irène première, la médaille que

La même conséquence est applicable à la fameuse Irène II, femme de Léon Chazare, qui n'a été mère que du seul Constantin VI.

Mais nous trouvons que la troisième femme de Constantin Copronyme, Eudocie, a eu quatre fils, les Césars *Christophe* et *Nicéphore*, et les Nobilissimes Nicetas et Eudoxe.

Ce fait historique, et le rare honneur d'un couronnement solennel, décerné à l'impératrice Eudocie, en 769, établissent une forte présomption en faveur de l'existence de monnaies à son effigie. Aussi c'est à cette Eudocie qu'il me paraît convenable de classer la médaille d'or dont il s'agit, et qui, dans l'opinion même de la pos-

---

rapporte Ducange, d'après Strada, et qu'il classe, avec regret, à Constantin VI et Irène II. Ce savant était frappé de l'inconvenance de la barbe de l'empereur; et l'ordre dans lequel les personnages s'y trouvent placés, ne lui paraissait pas en rapport avec les documens historiques. Cette médaille était en effet de Constantin V et d'Irène Ire; mais qu'est-elle devenue ?

sibilité de son attribution à Irène II, ne peut lui convenir, par le rapport de situation de la figure de la princesse, conforme à l'usage, mais qui serait contraire aux renseignemens historiques de son règne, puisque cette impératrice-mère a conservé, ou acquis, la première autorité en vertu d'arrangemens particuliers.

Je possède une monnaie toute semblable, en petit bronze; mais elle est sans légende, circonstance très-commune dans l'histoire monétaire de la famille de Léon l'Isaurien. Les trois bustes qui se remarquent au revers, sont assis ou posés sur une barre transversale, au-dessous de laquelle se trouve la grande M des médailles de ce temps (4), ayant à droite et à gauche les deux caractères x. n. qu'il faut interpréter par Χριστος Νικας ou Νικατηρ (5).

_____

(4) La signification de cette grande M ne peut être que *moneta*, et la lettre A qui se voit au dessous, doit être le différent de la première monnaie de Constantinople.

(5) Fig. 2.

Il n'est pas déraisonnable de penser que ces médailles aient été frappées lors du couronnement de 769.

Le revers ne peut convenir qu'à Léon IV Chazare, fils de Constantin V et d'Irène Ire., qui y serait placé au milieu, ayant à droite et à gauche ses frères consanguins les Césars Christophe et Nicéphore.

En y regardant de près l'on aperçoit que la coiffure de l'impératrice, cause de l'erreur, n'est pas exactement semblable à celle d'Irène II: on y remarque distinctement quatre pointes, tandis qu'Irène n'en a que deux.

On a connu d'autres médailles de cette Eudocie, pour laquelle je sollicite une honorable collocation: c'est à cette impératrice qu'il faut restituer la belle médaille que Ducange rapporte à la fin de la troisième rangée de la planche 3, de Justin II, et qui me paraît avoir beaucoup de rapports avec celle, également sans légende, que vous attribuez à Constantin VI et Irène II.

J'ai cru devoir reproduire le dessin de cette pièce (6).

Je possède aussi une médaille de moyen-bronze, à quatre têtes, où je crois voir Constantin V et Léon Chazare, désignés par les deux lettres B A, Βασιλεῖς, et au revers, les Césars Christophe et Nicéphore, ce dernier seul est sans barbe. Je joins ici les dessins de cette médaille, et celui d'une inédite de Constantin V, au revers de Léon Chazare et du César Nicéphore *seul*. Cette dernière viendrait-elle après mille ans, appuyer les historiens qui font tuer Christophe par les Scythes, le jour même où tout était disposé pour la célébration de son mariage, quand d'autres le font vivre jusques sous le règne de Constantin VI, qui lui aurait fait couper la langue en 777? (7)

---

(6) Fig. 1. Il est difficile de concevoir par quelle distraction l'exact Ducange a pris la tête d'Eudocie pour une tête virile. « *Imperator cum insolenti schemate et diademate.* »

Il est probable que le graveur de Ducange a mal vu la tête de l'empereur qu'il donne sans barbe.

(7) Ducange, hist. Byz. in famil. Léon. Isauri.

Je finis, monsieur le chevalier, en vous engageant à séparer des médailles de la famille de Léon l'Isaurien, le petit bronze que vous ne rapportez que comme douteux, d'après Pellerin, à l'article de Constantin VI. Le savant Pellerin n'aurait-il pas donné à l'acte du deuxième concile de Nicée sur l'erreur des iconoclastes, un effet trop étendu, en faisant remonter jusqu'à Constantin VI, l'innovation du placement des figures des saints au revers des médailles de C. P. ? On sait que le rétablissement du culte des images a été formellement ordonné par Michel I., neuf ans après la chûte d'Irène.

Je vous prie, monsieur le Chevalier, d'agréer avec bonté l'hommage de mes sentimens reconnaissans et dévoués.

SCEAUX INÉDITS

Des empereurs CONSTANTIN XIII, Ducas, et ROMAIN IV, Diogène.

A Son Excellence Monsieur DE SERRE, président de la chambre des députés, conseiller d'état, premier président de la cour royale de Colmar, chevalier des ordres royaux de Saint-Louis et de la légion d'Honneur.

MONSIEUR LE PRÉSIDENT,

RENDU à la vie paisible des champs, oublieuse des souvenirs pénibles, et profitable à l'étude, j'y ai retrouvé une ancienne amie, la numismatique. Mais les progrès de cette *culture* me laissent à peine l'espoir d'y glaner quelques épis. Votre Excellence approuvera difficilement, peut-être, que, dans les diverses sections de cette étude, j'aie donné la préférence aux monnaies du bas empire grec, dont le style semble ne présenter à l'œil que des *barbaries*, quand l'histoire, dont elles sont les monumens, offre peu d'actions généreuses parmi beaucoup d'événemens funestes à l'humanité.

Mais les empereurs de C. P. ont des rapports si nombreux avec les dynasties de notre Europe, qu'il est indispensable, pour étudier convenablement l'histoire du moyen âge, de commencer par celle de l'Europe orientale. C'est d'ailleurs de la destruction de l'empire grec, ce grand débris du vaste empire romain, que commence la véritable ère européenne, marquée par la renaissance des arts en deçà de l'Adriatique, et la direction, non interrompue, que prit alors l'esprit humain vers l'augmentation des connaissances et le perfectionnement des institutions.

En rencontrant presque à chaque page des fastes des nations nos voisines, les preuves de tant d'actes individuels qui, en frappant les plus illustres familles, ont répandu d'affreuses calamités sur les peuples, on apprécie mieux l'heureuse exception dans laquelle s'est touvée notre belle France, par l'admirable caractère, les vertus et la sagesse héréditaires des rois de sa troisième race.

En mettant en ordre une suite assez nombreuse de restes bysantins, j'ai rencontré les sceaux des empereurs Constantin XIII et Romain IV, Diogène, son successeur. Ces monumens sont en plomb et n'ont pas encore été décrits.

J'ai pensé, Monsieur le Président, que le public les verrait avec plus de plaisir, s'ils lui étaient présentés sous les auspices de Votre Excellence. Les sceaux sont du domaine de la justice. Mais le président de la chambre des députés n'accueillera pas l'hommage que j'ai l'honneur de lui faire, avec moins de bienveillance que ne l'aurait accepté le président de la cour royale de Colmar, où l'avocat général de Metz.

Le grand sceau de Constantin Ducas, fig. 1re., n'offre rien de particulier. On voit au droit l'empereur debout, dans le

costume pacifique ; sa tête est ornée du diadême de ce temps : il tient de la main droite
le labarum. Autour on lit ✛ Κονσταντινος
Βασιλεύς Ρωμαιων Ο Δυκ. Le buste de J. C. avec
la légende Εμμανυηλ·, distingue le revers.

Ce type est celui des médailles d'or de
cet empereur, élevé au trône de C. P. en
1059, mort en 1067. Le diamètre du médaillon est de 18 lignes. On remarque qu'il a
été percé dans son épaisseur pour le passage
des rubans d'attache.

Le sceau de Romain IV, Diogène, fig. 2,
est beaucoup plus composé. L'on voit au
droit trois figures debout. Le Christ est au
milieu, posant les mains sur les têtes de
Romain à droite, et d'Eudocie Dalassène à
gauche. Les deux époux sont dans le costume impérial le plus complet (1). Autour
on lit : Ρωμανος Ευδ. Βι. ΑΑ. (sic)

_____

(1) Les graveurs bysantins que l'on traite de barbares, n'ont
point commis la faute de placer ici les princes sur des carreaux
ou coussins, en présence de la Divinité ; au revers, rien ne s'y
opposait.

Trois figures impériales debout, sur des carreaux, occupent le champ du revers. Une plus grande au milieu, distinguée par les lettres Mιχ, tient de la droite le nartex, et de la gauche un rouleau. Des deux autres, celle qui est à droite est désignée par les lettres Κον; à côté de l'autre on lit Ανδ; toutes deux tiennent le globe impérial, l'une de la droite, l'autre de la gauche, probablement par égard pour la symétrie. Des rouleaux sont dans les deux autres mains.

Ces figures sont celles de Michel VII au milieu de ses frères Constantin et Andronic, fils tous les trois de Constantin XIII Ducas, et d'Eudocie Dalassène.

Ce plomb serait le seul monument qui nous offrirait la réunion de la famille de Constantin Ducas, si, depuis quelque temps, le cabinet du Roi n'eût été enrichi d'une rare médaille d'or, où l'on remarque tout ce qui se trouve sur le sceau de Diogène.

Ce n'est pas seulement comme pouvant fermer une lacune dans l'histoire numismatique de Constantinople, que le sceau de Romain IV est précieux pour nous. Il faut se reporter un instant aux circonstances qui ont élevé Diogène à l'empire.

Ducas venait de mourir, et sa veuve l'illustre Eudocie Dalassène avait pris les rènes du gouvernement avec ses trois fils, Michel, Constantin et Andronic; lorsque Romain Diogène, qui réunissait de l'audace à beaucoup de moyens, se revêtit de la pourpre en levant l'étendard de la révolte. Arrêté bientôt dans ses projets, l'usurpateur fut conduit à l'impératrice. Mais l'infortune de Diogène, et l'attitude qu'il sut conserver dans les fers, ayant mis plus en évidence les avantages extérieurs et les brillantes qualités qui distinguaient ce prince, Eudocie s'attendrit et pardonna.

Cependant l'empire éprouvait le besoin d'un chef qui pût, tout à la fois, contenir les écarts d'une multitude trop avide de changemens, s'opposer à l'invasion des Musulmans, et protéger les enfans de Constantin XIII.

L'impératrice, qui redoutait avec raison les vues ambitieuses de l'oncle de ses enfans, le César Jean Ducas, crut trouver un appui en Romain Diogène ; elle lui offrit sa main, au mépris, dit-on, de sa parole solennellement donnée.

Il est probable, d'après le sceau et les monnaies d'or de Diogène, qu'à cette occasion des conventions furent faites, et que Romain, quoiqu'époux d'Eudocie, investi du pouvoir suprême, avec toutes les formalités civiles et religieuses, ne dut se considérer que comme empereur régent, ou à vie (2), chargé de rendre, aux enfans de Ducas, un trône auquel il n'avait été élevé que pour le mieux garantir.

Aussi remarquons-nous que Diogène ne prend point, sur ses monnaies, la qualité d'empereur, Βασιλευς, et qu'il s'est contenté du titre inférieur, Δεσποτης, qui, jusqu'à ce

---

(2) C'était quelque chose de semblable à ce qui s'est pratiqué depuis, sous Baudouin II.

prince, paraît être resté l'égal de celui de César.

Cette innovation est très-remarquable, quand on considère que Constantin Ducas, prédécesseur immédiat de Diogène, a constamment employé le titre Βασιλεύς sur ses monnaies et sur le sceau impérial ; titre que prit encore Michel VII après Diogène.

· Le sceau et les monnaies de Romain IV rendent donc témoignage qu'Eudocie, en épousant ce prince, avait pris toutes les précautions que pouvait imaginer la sagesse humaine, pour la conservation des droits de la famille de Ducas. Rien ne nous est parvenu qui nous autorise à présumer que Diogène ait voulu rompre les engagemens qu'il avait pris.

Malheureux, dans une guerre entreprise pour la sûreté de l'empire, Romain IV devint la victime des intrigues et de l'ambition du César Jean Ducas. La famille de Constantin XIII, privée, par elle-même, du protécteur qu'Eudocie avait jugé nécessaire, perdit bientôt un trône qu'elle ne pouvait défendre, et qui ne fut raffermi que par les talens et le grand caractère d'Alexis-le-Grand.

Votre Excellence ne verra pas sans intérêt les dessins d'un troisième sceau qui est encore de Constantin XIII, Ducas, figure 3. Ce monument est le petit sceau, ou du moins un sceau d'une moindre importance que ceux dont je viens d'avoir l'honneur de lui parler. Le dignitaire qui avait sa garde, et le droit de l'apposer en certaines circonstances, était tenu d'y joindre son nom à titre de responsabilité; il scélait de par l'Empereur, comme on scèle en France de par le Roi : c'est ce que la légende exprime clairement.

On lit d'un côté les mots Τῳ σῳ δουλῳ, autour du monogramme de Constantin XIII, et de l'autre, Γεοργίῳ Δικρατορι, qui complettent la légende. Tout est au datif, et ne peut être traduit littéralement que par cette phrase, *A son serviteur Georges Dicrator.* Il faut par conséquent sous-entendre, *par*

l'ordre ou le commandement de Constan-
tin, donné à; ou tout simplement, en em-
ployant le monogramme, lire, *Constantin*
à son serviteur, etc.

Mais quelle était la fonction, la dignité
que désigne le mot Διϰρατορ? En exprimant
la réunion de deux puissances, peut-être est-
il encore relatif à la suprématie dans l'ordre judiciaire Διϰη. Tout s'entend donc ici
facilement : les fonctions du Διϰρατορ étaient
probablement en rapport avec celles de chan-
celier et de garde des sceaux qui, dans nos
gouvernemens modernes, se trouvent souvent réunies dans la même personne.

Je vous supplie, Monsieur le Président,
d'agréer avec bonté un nouvel hommage
de mes sentimens respectueux, et de mon
inaltérable reconnaissance.

1.

℞

2.

℞

3.

℞

Michaud à Metz

MÉDAILLON

DE PLOMB,

Attribué par erreur à l'empereur JEAN VI CANTACUZÈNE.

SCEAUX PARTICULIERS

Du Sébastocrator JEAN PALÉOLOGUE, frère de MICHEL VIII, et d'un comte de Céphalonie et d'Ithaque.

L. 5.

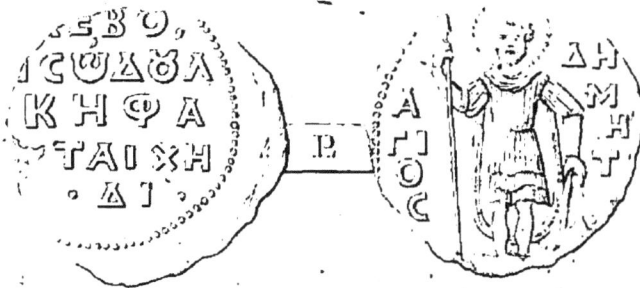

A Monsieur le chevalier TOCHON d'Annecy, de l'ordre royal de la légion d'honneur, et de l'académie des inscriptions et belles-lettres.

MONSIEUR LE CHEVALIER,

L'ABBÉ Sestini attribue à l'empereur Jean

VI, Cantacuzène, un médaillon de plomb, ou plutôt un sceau, qui présente d'un côté le buste de saint Démétrius, désigné par la légende Αγιος Δημητριος. On lit de l'autre côté la légende pleine ✝ Ιω Σεβαστὸς και μεγας-δομέστικος (1).

Il suffit sans doute de lire une fois cette inscription, pour se convaincre que rien n'y est applicable à Jean Cantacuzène ou à tout autre empereur de C. P.

Σεβαστὸς est ici pour Σεβαστοκράτορ. Le reste de l'inscription, en indiquant un second titre étroitement uni au premier par la copulative και, exclut positivement la qualité de Σεβαστὸς qui, dans le haut empire, était égale à celle d'auguste et d'empereur, quand dans les bas siècles elle est devenue inférieure au titre même de Δεσποτησ. Il serait plus que singulier de trouver la première de ces deux acceptions associée à la qualification subalterne Μεγασ-Δομέστικος! Il est

---

(1) Sestini, Lettere, tom. 2, pag. 183, tab. V, n°. 16. (Le σ, dans la légende, est remplacé par le C latin.)

très-probable que vers la fin de l'empire grec, quelque personnage, revêtu des titres Σεϐαστὸς et Δεσπότης, ait été promu aux dignités de Σεϐαστοκράτορ, et de Μεγασ-Δομέστικος ; mais alors même il n'a pu prendre sur les sceaux relatifs à ses fonctions près de l'empereur, une qualification qu'on eût pu trouver déplacée, quand elle pouvait convenir au chef de l'état.

Le médaillon dont il s'agit était un sceau à l'usage particulier des fonctions du *Sébastocrator,* dignité dont nous n'avons point d'analogue dans les cours de notre Europe, qui donnait à celui qui en était revêtu un rang immédiatement au-dessous de l'empereur, et le droit d'être traité de majesté. La qualité de Μεγασ-Δομέστικος qui s'y trouve jointe, était inférieure à celle de Σεϐαστοκράτορ ; elle était peut-être en rapport avec les fonctions qui nous sont connues sous les dénominations de grand maréchal du palais, grand-maître de la maison, etc.

Ces deux fonctions étaient constamment confiées à des personnes distinctes. Leur union au cas particulier, est une circonstance spéciale qui, jointe au nom du dignitaire, nous permet de fixer exactement l'âge de ce petit monument au règne de Michel VIII, Paléologue, usurpateur du trône de son pupille le jeune prince Jean Vatace, mieux connu sous le nom de Lascaris IV.

Ce fut sous Michel VIII, que le César Stratégopule reprit Constantinople sur les Français, et qu'il en expulsa l'empereur Baudouin II. Paléologue prit à cette occasion le titre pompeux de Νεος-Κονσταντινος, en y joignant encore les noms de ses prédécesseurs, Κομνενος, Αγγελος, Δουκας.

Lorsque Michel VIII parvint à l'empire en 1260, son frère Jean Paléologue remplissait les fonctions de Μεγας-Δομεστικος près du jeune Lascaris, Michel y ajouta celle de Σεβαστοκρατορ.

Le sceau rapporté par l'abbé Sestini,

quoique conforme aux documens historiques qu'il confirme, serait déplacé dans une suite numismatique; comme monument, il appartient au règne de Michel VIII, antérieur de 86 ans à celui de Jean VI Cantacuzène.

Je possède un sceau qui a des rapports avec celui du sébastocrator Jean Paléologue, et que j'ai trouvé, monsieur le chevalier, parmi les objets qui ont fait la compensation de notre dernier échange.

On remarque d'un côté de ce médaillon, Saint-Démétrius debout tenant une lance de la main droite, et s'appuyant de la gauche sur quelque chose qu'on ne peut déterminer, mais qui, d'après une médaille inédite d'Andronic II, doit être un bouclier. A droite et à gauche, on lit Αγιος Δημητ. L'autre côté offre l'inscription suivante en cinq lignes : ΚΕ. ΒΟ. ΤΩ ΣΩ ΔΟΥΛ.... ΚΗΦΑ..... ΤΑΙΧΗ. ΔΙ. (*sic*) *Seigneur, protégez le prince de Céphalonie et d'Ithaque!* (2)

---

(2) Voyez la figure en tête de cette lettre.

Cette inscription est remarquable en ce qu'il n'existe aucun intermédiaire entre la divinité qui est suppliée, et le prince qu'elle désigne. Le petit despote de Céphalonie se croyait-il prince par la grâce de Dieu? (1)

Ce sceau me paraît pouvoir être attribué à l'un des comtes palatins de Zanthe, d'origine française inconnue, qui devinrent, vers la fin du treizième siècle, princes de Céphalonie et d'Ithaque, par suite du mariage de Marie, fille de Nicéphore Lange Comnène, despote d'Etolie et d'Epire, avec un des fils du premier de ces comtes.

Agréez, monsieur le chevalier, une nouvelle assurance de mes sentimens de considération et de dévouement.

----

(1) Il paraît que, plus tard, ces seigneurs firent hommage aux princes d'Achaïe, réunissant, à la vérité, le titre d'empereur de Constantinople.

MÉDAILLE INÉDITE

De l'impératrice EUDOCIE *Dalassène* et
de CONSTANTIN *Ducas, Porphyro-*
génète, fils de MICHEL VII. — Restitution d'une médaille de petit-bronze
à JEAN DUCAS VATACE.

METZ,
20 juillet
1817.

L. 6.

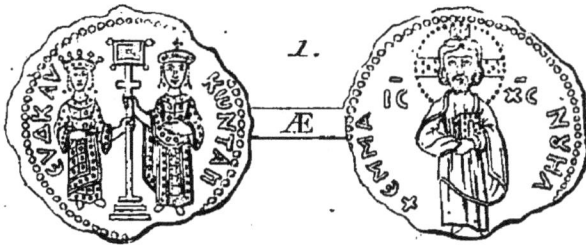

Mikand à Metz.

A Monsieur DURAND, à Paris.

MONSIEUR,

M. le chevalier Mionnet a rapporté, d'a-
près Wiczay, une médaille d'or avec la légende MIX. ETΔK. CE. KONT. où l'impératrice
Eudocie Dalassène se trouve placée entre
Michel VII Ducas et un Constantin (1).

_____

(1) De la rareté et du prix des médailles romaines. Paris,
1815, pag. 544.

Il est difficile de penser que cette troisième figure soit celle du César Constantin, deuxième fils de Constantin Ducas, auquel Zonare donne le titre de Porphyrogénète, puisqu'Andronic, troisième frère, ne s'y trouve pas, tandis qu'il existe sur les médailles d'or de Romain Argyre, et sur le sceau même de cet empereur (2).

Il paraît certain d'ailleurs que le César Constantin, deuxième fils de Constantin XIII et d'Eudocie, n'a point été admis aux honneurs impériaux avec Michel VII.

Ne pourrait-on pas soupçonner le Constantin de la médaille de Wiczay, d'être le jeune Constantin Ducas, Porphyrogénète, fils de Michel VII et de Marie? Zonare nous apprend que ce jeune prince a été décoré de la pourpre et du diadème, le jour même de sa naissance.

Cette opinion m'est suggérée par l'emploi

(2) V. lettre 4. Il paraîtrait, par le sceau de Romain Diogène, comparé avec les médailles byzantines à trois têtes, qu'à l'exception du milieu, toujours occupé par le personnage le plus important, la situation des deux autres est indifférente.

qu'il me faut faire de la médaille inédite qui
est l'objet principal de cette lettre, dont la légende est ΕΥΔΚ. ΑΥ. Κ. ΚΟΝΤ. Π (3). L'impéra-
trice-douairière, si je puis m'exprimer ainsi,
se trouve ici placée à la droite du jeune prince
que désigne la légende. Ce rapport de posi-
tion exclut Constantin XIII. Eudocie est
nommée la première, tandis que dans la
médaille de Wiczay elle est nommée la
deuxième, avant Constantin qui n'a que
le troisième rang. Si c'est, comme il est
très-probable, le même prince dans les deux
cas, il est à peu près démontré que la troisième personne de la médaille d'or, et la
deuxième de celle de bronze, n'en font
qu'une, qui serait le jeune Constantin Ducas, fils de Michel VII et de Marie.

Il ne faut point oublier que l'impératrice
Eudocie Dalassène parvint à un âge avancé.
Cette princesse a vécu jusqu'à la 15ᵉ. année
du règne d'Alexis Comnène, en 1096. L'his-

---

(3) Fig. 1ʳᵉ.

toire nous apprend encore que l'empereur Alexis Ier., touché de la bonne grace et des heureuses qualités du jeune Constantin Porphyrogénète, le rétablit dans le rang et les honneurs des augustes, et qu'il lui avait destiné la main de sa fille, la célèbre Anne Comnène.

Notre médaille de bronze a probablement été une pièce d'honneur frappée à cette occasion. Dès-lors il n'est point irrégulier que Constantin y soit placé au deuxième rang, après l'impératrice Eudocie son aieule. Il n'était pas question d'autorité, il ne s'agissait que d'honneur, de rang, et la droite appartenait à plus d'un titre à l'illustre Eudocie (3). Cette médaille n'ayant point encore été décrite, j'ai cru, monsieur, qu'il vous serait agréable d'en trouver ici les dessins fort exacts, d'après trois individus de ma suite.

_____

(3) L'impératrice, ainsi que le prince qui est à sa gauche, ne portent ni l'un ni l'autre le globe impérial ; cette circonstance n'est point à négliger.

RESTITUTION proposée à l'Empereur Jean Ducas Vatace, de la médaille de petit-bronze, attribuée par les auteurs à Constantin XIII, *Ducas*.

L. 6.

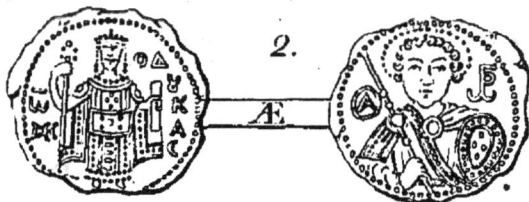

2.

Michaud à Metz

Vous savez, monsieur, que les auteurs modernes ont conservé à Constantin XIII, la médaille de petit-bronze, que Banduri rapporte d'après Ducange, ayant au droit la figure d'un empereur tenant de la droite le labarum, de la gauche un rouleau, avec la légende ω̅ ΔEC. O ΔOΥKAC dont les lettres sont superposées. Ducange avoue que la première lettre qu'il croit être un κ, est effacée dans sa médaille (4). Le revers est le buste armé de Saint Georges. J'ai cette médaille dont la légende n'offre aucun des li-

---

(4) « In nummo erasa prima litera K. » Byz. 159.

néamens propres à favoriser l'opinion de Ducange. L'on y découvre au contraire, distinctement, les deux caractères ῶ, ainsi disposés, comme sur quelques médailles des Comnènes, sans qu'on puisse placer une lettre entre l'Ω et le grenetis. On ne peut apercevoir là que l'abrégé du mot ΙΩΑΝΝΕΣ.

Le style de ce petit-bronze coupé à l'aide de cisailles, l'ordre des caractères de la légende, la qualité de Δισποτης prise par l'empereur, tandis que, dans toutes ses médailles d'or, Constantin Ducas conserve le titre de Βασιλεύς (1), nous portent à croire qu'il est de beaucoup postérieur à Constantin XIII. La nouveauté du revers, dont les analogues ne se rencontrent que sous les Comnènes et les Langes, en attestant une fabrique bien différente de celle des médailles de bronze de Romain Diogène, et d'Eudocie, vient à l'appui de cette opinion.

---

(1) V. Lettre 2, à M. le Cher. Millin.

Cette médaille ne peut appartenir qu'à JEAN DUCAS VATACE, prince digne d'un meilleur siècle, mort couvert de gloire, après 33 ans de règne, durant l'occupation de Constantinople par les latins, ou plutôt les français. Il serait en effet bien extraordinaire qu'aucun témoin de ce long règne ne fût parvenu jusqu'à nous, ou que Jean Ducas Vatace n'eût point fait fabriquer de monnaies.

J'apprends, monsieur, que vous partez pour la Grèce, cette terre classique des beaux-arts et de la numismatique. Permettez-moi de vous recommander notre pauvre byzantine. Veuillez m'en croire, c'est par une injustice trop commune que l'on accuse de barbarie les monnaies impériales de Constantinople. Sans doute elles sont d'un style mal choisi, qui s'éloigne étonnamment du dessin des monnaies du haut empire, et surtout des formes élégantes qui distinguent le burin grec antique. Mais, sous les rapports historiques et chronologiques, les moné-

taires bysantins sont plus exactement utiles
que ne l'ont été ceux de la Grèce et de Rome.
Ils sont aussi beaucoup plus intéressans que
les monétaires des siècles éclairés, assujettis
à une trop insignifiante monotonie qui fera
le désespoir des numismates futurs, réduits
à dévorer des dates pour toute nourriture.
Il était si facile de concilier l'uniformité des
formes et des valeurs avec l'agrément et l'intérêt des types historiques. On aurait ainsi
contenté le présent et l'avenir !

*Agréez, Monsieur, avec mes vœux pour
la réussite de vos projets, une nouvelle
assurance de mes sentimens dévoués.*

MONNAIES
INÉDITES

Des Croisés ; — des Empereurs français de Constantinople ; — des Princes d'Antioche, de Tripoli, et de Galilée ; — des Barons français, princes d'Achaïe et de Morée, ducs d'Athènes, seigneurs de Thèbes, etc.

———————

A Son Excellence Monsieur le Feld-Maréchal Baron DE VINCENT, ministre de S. M. I. et R. A. près S. M. T. C.

MONSEIGNEUR,

QUELLE que soit la gloire de l'inimitable Ducange, et tout en reconnaissant l'utilité de Banduri, de ses continuateurs, de nos Bouteroue, le Blanc, Duby, de Paruta, et des auteurs des diverses monographies, il faut convenir qu'il reste encore beaucoup à désirer sur les systèmes monétaires des peuples et des dynasties du moyen âge.

J'ai l'honneur d'adresser à Votre Excellence les dessins de quinze médailles et monnaies qui datent de cette grande époque où l'Europe toute entière, armée contre les oppresseurs de l'Asie, était appelée à rendre à la civilisation la plus belle partie du monde. Cette inappréciable restauration eût été possible, peut-être, si les croisés, écoutant les conseils d'une sage politique, eussent senti qu'il convenait, avant tout, de raffermir le trône de Constantin. Mais un si beau zèle, perdu pour l'humanité comme pour la religion, ne nous a laissé que le souvenir de quelques glorieux faits d'armes, qui ne peuvent compenser d'innombrables erreurs et d'affreux désastres.

I. *Croisés avant leur établissement?*

Les médailles de moyen bronze, fig. 1 et 2, planche 1re., présentent au droit une figure casquée, debout, tenant de la main droite une petite croix latine, et s'appuyant de la gauche sur un bouclier. Le vêtement est une sorte de casaque militaire à carreaux, retenue par une ceinture.

Ce type, qui n'a aucun rapport avec les monnaies byzantines, semble parfaitement convenir à un chef de croisés.

Une croix grecque ornée, occupe le revers d'une de ces pièces. La seconde offre une croix latine, posée sur des degrés, et munie d'une double traverse. Cette forme régularisée a reçu depuis la dénomination de croix de Jérusalem ou de Lorraine.

Ces médailles ont peu d'épaisseur; elles sont sans légende, et rien ne s'y remarque qui puisse aider à préciser l'époque de leur fabrication.

Ne pourrait-on pas soupçonner qu'elles ont été frappées avant le partage, peut-être lors des siéges de Jérusalem et de Ptolémaïs, enfin quand les chefs des croisés n'étaient encore revêtus d'aucun titre relatif à leurs conquêtes?

II. *Empereurs français de Constantinople.*

Le n°. 3 est un petit bronze qui offre au droit un empereur debout, couvert d'une sorte de vêtement à carreaux ou losanges, formés peut-être par des broderies, à l'instar du laticlave des empereurs de Constantinople. Une couronne, tout à-la-fois fermée et radiée, couvre la tête du prince qui, de la main droite, élève une petite croix latine, en s'appuyant de la gauche sur une large épée.

La légende B ΔΟΙΝ Δ. dont les caractères sont superposés et rétrogrades, suivant l'usage du temps, se complette par la restitution facile des lettres omises. C'est ainsi qu'on doit y lire BαλΔΟΙΝος Δεσποτης. Le revers offre une croix avec divers ornemens.

Cette médaille, jusqu'à présent unique, est incontestablement de Baudouin, Ier., empereur de Constantinople. On pourrait peut-être objecter qu'il n'est pas, à la rigueur, impossible qu'elle soit de Baudouin II, qui a régné plus long-temps que Baudouin Ier., et dont il a dû se conserver des monnaies : elle n'en serait pas moins rare.

Mais il faut remarquer que l'attitude du personnage impérial élevant la croix de la main droite, semble plutôt convenir à un chef de croisés, qu'au jeune prince héritier des droits d'une dynastie établie comme était Baudouin II.

Il faut aussi considérer que le sceau de Baudouin II, rapporté par Ducange, établit une forte présomption en faveur de l'existence, sur les monnaies de cet empereur, de quelque chose des formes remarquables qui distinguent les types qu'il avait adoptés pour le sceau de l'empire.

C'est d'après ces rapprochemens que je crois pouvoir donner à l'empereur Henri de Flandre, frere et successeur de Baudouin Ier., la singulière médaille d'argent dont la fig. 4 offre les dessins très-corrects, et dont le type, tout-à-fait insolite, diffère essentiellement de toutes les médailles im-

périales de Constantinople. Il est impossible
de ne pas être frappé des rapports du côté
droit de cette pièce avec le premier côté
du sceau de Baudouin II.

Au droit, l'empereur paraît à cheval ; sa
tête est ornée du diadême particulier aux
empereurs d'Orient : de la droite il tient
un sceptre. La légende, formée de caractères superposés, rétrogrades, et de mono-
grammes, est difficile, même pour les personnes qui ont l'habitude des inscriptions
de ces bas siècles.

En commençant par le caractère qui est
devant la tête du prince, et lisant de haut
en bas, en réunissant la lettre qui est sous
la jambe droite du cheval, je trouve les
quatre lettres HNPI, abrégé de HNPIKOΣ.

J'ai cherché à interpréter cette première
partie de la légende de toute autre manière,
et n'ai pu y réussir. Le caractère qui suit
est évidemment un o. Au-dessus je vois la
lettre o dans un signe où l'on croirait trouver un K. On remarque, en remontant, un

monogramme que je n'ai pu employer qu'en lisant les trois lettres ΛΑΝ, qu'il faut ajouter au φ pour se procurer la syllabe ΦΛΑΝ. Nous obtenons ainsi la légende ΗΝΡΙΚΟΣ Ο ΦΛΑΝδρας.

Le dernier signe est encore un monogramme d'une difficile explication. Ne pourrait-on pas y voir les lettres unies ΔΠΤΟ (sic) abrégé de ΔΕΣΠΟΤΗΣ ?

Le revers est occupé par un saint à cheval, tenant de la main droite une croix. Le costume et l'attribut du saint, conformes à ce qui se remarque sur les médailles d'argent de Jean et de Manuel Comnènes, indiqueraient assez bien St. -Eugène ; mais la syllabe Νι semble être initiale : Serait-ce St. Nicolas? Je possède le sceau d'un empereur de C. P., du nom de Jean, au revers de St. Nicolas (1).

---

(1) Le savant Pellerin rapporte, et attribue à l'empereur Henri, une médaille à légende latine, qui pourra paraître douteuse d'après celle-ci. V. les dissertations, faisant supplément à ses œuvres.

III. *Princes d'Antioche.*

Les fig. 5 et 6 appartiennent aux princes d'Antioche : la premiere est de Tancrède.

Au droit, on lit dans le champ, Κε Βοηθε.. τῳ δουλῳ ου Ταυκρι, qu'il faut interpréter par : *Seigneur, venez au secours de votre serviteur Tancrède!* Cette monnaie a été frappée de 1102 à 1103, durant la captivité de Marc Bohémond, ou en 1106, pendant son absence; enfin après 1111, année de la mort de Bohémond, jusqu'en 1112, que mourut Tancrède. Le buste nimbé de St. Pierre, tenant de la gauche une croix, occupe le revers de cette médaille; à droite et à gauche on lit, Πετρος. Le beau caractère de Tancrède rend cette rare médaille plus précieuse encore (2).

La seconde est de Roger, successeur de

_____

(2) Vien poi Tancredi : e non è alcun fra tanti
(tranne Rinaldo) o feritor maggiore,
O più bel di manicre, e di sembianti,
O più eccelso, et intrepido di core.
GIERUS. LIB. c. 1. 45.

Tancrède. On lit au droit la légende, Κε Θοητει τω εω δουλω Ρογεριω. La Vierge debout, élevant les mains vers le ciel, est au revers. Cette médaille a été frappée de 1112, année de la mort de Tancrède, à 1119, époque de celle de Roger.

· Ces monnaies sont très-remarquables; elles donnent à penser que Tancrède et Roger, qui n'avaient de titres que ceux de régent, et de tuteur du jeune Bohémond, exerçaient cependant en leur propre nom toute l'autorité souveraine. Ils étaient en réalité princes d'Antioche, mais princes temporaires, à charge de remettre les rênes du gouvernement au titulaire à sa majorité ou à telle autre époque convenue. Cette singulière politique, conforme aux usages du temps, lors de la minorité des princes, était parfaitement en rapport avec l'état précaire et toujours militant des croisés d'Antioche, qui ne pouvaient demeurer sans un chef habile au commandement. C'est ainsi que l'on avait su concilier les droits de l'hérédité avec le salut de l'état.

IV. *Princes de Tripoli.*

Le nº. 9 de mes dessins est douteux dans son attribution. Le droit est distingué par le buste d'un prince ayant la tête nue ; on remarque à droite et à gauche les lettres latines R. P. *Raymundus princeps?*

Nous venons de voir que les monnaies d'Antioche sont grecques ; celle-ci est latine. D. Vaisette nous a fait connaître le sceau de Raymond, premier prince de Tripoli, sur lequel se trouve une légende latine. Tandis que le buste de St. Pierre nous indique Antioche, la légende latine de cette monnaie nous ramène à Tripoli.

Si cette médaille latine était d'Antioche, elle ne pourrait appartenir qu'à Raymond, premier époux de Constance ; Renaud n'ayant dû se considérer que comme tuteur de Bohémond III, l'enfant. Dans cette incertitude, je suis disposé à la classer, jusqu'à de nouveaux renseignemens, à l'un des Raymond de Tripoli.

V. *Princes de Galilée.*

Il suffit de voir la fig. 7, pour se convaincre de la difficulté de son attribution. Aurais-je été assez heureux pour *deviner* juste? c'est ce que je laisse entièrement au jugement des critiques.

Le droit présente bien certainement un chef croisé, revêtu de la dignité de prince. Le manteau et la couronne ne laissent aucun doute. La croix plantée semble désigner une possession territoriale acquise, un établissement fixe. On peut voir dans le signe incertain qui est à la droite du prince, le tronc d'un palmier, dont le feuillage mal dessiné aurait été usé par le frai.

Le revers est remarquable par la présence d'un symbole, exactement rendu par le graveur, qui occupe une grande partie du champ de la médaille, et qui me paraît être la robe de J. C. Autour on lit P. VAATA, que l'on pourrait interpréter par *Princeps Valtarius,* Gautier prince *de Galilée?*

Le mélange des lettres grecques et latines, que permettait l'ignorance des temps, n'apporte ici aucune difficulté.

VI. *Empereurs français, titulaires de Constantinople.*

L'on sait que les droits ou les prétentions des descendans de Baudouin II ont été transférés à la maison d'Anjou-Naples, par le mariage de sa petite-fille, Catherine de Valois, avec le prince de Tarente, Philippe II, fils de Charles II. Philippe prit à cette occasion le titre d'empereur.

Le denier, fig. 10 de la planche 1re. est de ce prince. On lit au droit Phs. P. Tar. Desp. *Philippus princeps Tarenti, Despotes.* Le revers se compose du type ordinaire des monnaies des barons français, avec la légende Nepanti civis. Le premier caractère est peu lisible : on s'attend à y rencontrer une L, et ce que l'on remarque donne plutôt l'idée d'une N. Mais il ne peut rester de doute ; cette monnaie est

de Lépante, *Nepanto*. C'est l'ancienne
Ναύπαχτος.

Lépante était, au 13e. siècle, soumise à
la domination du despote d'Epire et d'Etolie, Thomas Lange Comnène, frère d'I-
thamar, première femme de Philippe II
d'Anjou, prince de Tarente. Il est probable
que cette ville a fait partie des domaines
dotaux d'Ithamar, comme Céphalonie et
Ithaque ont été la dot de sa sœur aînée
Marie, et d'autres domaines, celle d'Anne
Comnène, leur tante, mariée à Geoffroy II
de Villehardouin, prince d'Achaïe.

Mais le titre *Despotes* du denier, dont il
s'agit, est-il relatif à la principauté d'Etolie,
ou à la qualité d'empereur que prit Philippe
après son mariage avec Catherine de Valois,
en 1313? Il est constant que Thomas Lange
Comnène, despote d'Epire, frère d'Ithamar, n'a été tué par Jean de Céphalonie,
qu'en 1318, quand depuis six ans Philippe
était en possession du titre de despote, comme
empereur de C. P. Il est d'ailleurs difficile

d'admettre que ce prince ait fait fabriquer des monnaies à cause des domaines de sa première femme, quand on n'en connaît aucune des petits despotes de la Grèce, qui probablement n'avaient pas le droit d'en frapper. Il faut encore remarquer que la légende ne contient rien qui ait trait à la principauté d'Achaïe, plus importante que les domaines d'Ithamar, et dont Philippe a pu prendre le titre de 1294 à 1313.

Barons français établis dans la Grèce.

VII. *Princes d'Achaïe et de Morée.*

La principauté d'Achaïe et de Morée paraît avoir été considérée comme un fief de l'empire de C. P., sous les Français.

Geoffroy Ier. de Ville-Hardouin fit la conquête de ces provinces, de concert avec Guillaume de Champlite, en 1205. Guillaume prit dès cette année le titre de prince d'Achaïe, et Geoffroy lui rendit hommage pour quelques villes et dépendances, comme ils en étaient convenus.

Guillaume de Champlite mourut en 1210.
Geoffroy, son frère d'armes, lui succéda sans
difficulté. Ce prince vivait encore en 1223.
On ignore le nom de sa femme; mais il en
eut deux fils, Geoffroy et Guillaume.

L'aîné succéda à son père, sans qu'on sa-
che l'année de son avènement, ni celle de
la mort de Geoffroy Ier. Il épousa Agnès
de Courtenai, et fut d'un grand secours à
l'empereur son beau-frère, en 1236. Geoffroy II vivait encore en 1244, mais n'exis-
tait plus en 1247. Il réunit Argos et Co-
rinthe à l'Achaïe.

Guillaume II, son fils, fut son successeur; il épousa Anne Comnène, fille du
despote d'Epire, se trouva avec St. Louis
au siége de Damiette en 1249, et mourut
vers 1275.

Guillaume II n'eut qu'une fille, Isabelle
de Villehardouin, promise à Philippe d'An-
jou, fils de Charles Ier., roi de Sicile. Cette
princesse fut ensuite mariée à Florent de
Hainaut, dont elle eut la princesse Ma-

thilde : Philippe de Savoie devint plus tard
son second ou troisième époux.

Le haut domaine de la principauté d'A-
chaïe appartenant à l'empire de Constantinople, Baudouin II put en faire la cession
à Charles II d'Anjou en 1262 : cette cession
fut confirmée par Catherine Ire., en 1294.
Charles le rétrocéda la même année à Philippe II, Prince de Tarente. Le domaine
héréditaire passait à son tour d'Isabelle à
Florent de Hainaut, ensuite à Philippe de
Savoie, puis à Louis de Bourgogne, frère
du duc Eudes, par Mathilde de Hainaut;
enfin, par la même Mathilde, à Jean de
Sicile, fils de Charles II d'Anjou, tige de
la branche de Duras.

Peu d'états ont donné lieu à autant de
transactions que la principauté d'Achaïe,
en trente années; et ces nombreuses mu-
tations tant du domaine utile, par les ma-
riages et les successions, que de la suze-
raineté, réunissant quelquefois la propriété
par suite de confiscation ou de retour,

jettent beaucoup d'obscurité sur l'histoire de l'Achaïe. Ces changemens toutefois ne transféraient guères que des prétentions à des droits éventuels, tant à l'hommage qu'au territoire. Du vivant même de Guillame II, plusieurs parties de ses domaines avaient été cédées, de gré ou de force, à l'empire grec; et plus tard, ceux des prétendans qui purent aborder en Achaïe, n'y firent pas un long séjour.

Les princes d'Achaïe et de Morée firent frapper des monnaies. J'ai été assez heureux pour réunir cinq deniers de cette principauté: ils sont semblables à ceux des barons français. V. la planche 2.

La fig. 11., G. PRINCEPS, est probablement de l'un des deux Geoffroy de Villehardouin.

La fig. 12. GV. PRINCEPS, me paraît devoir être donnée à Guillaume II; peut-être est-elle de Guillaume de Champlite? mais je ne le pense pas.

La fig. 13. K. R. PRINC. Ach., est incontestablement de Charles II d'Anjou. Mais comment et quand le roi de Naples a-t-il pu s'attribuer le titre et les droits de prince d'Achaïe? Sans doute après avoir fait prononcer la confiscation et le retour de l'Achaïe à sa couronne, à défaut d'hommage de la part de Philippe de Savoie, second époux d'Isabelle de Villehardouin, et avant la rétrocession qu'il fit de tous ses droits à son fils Philippe II de Tarente. On ne sait pas exactement à quelle époque l'acte de réunion fut prononcé ; mais nous avons vu que la cession de Charles II à Philippe, avait eu lieu en 1294.

La fig. 14. Ka. Princ. Ach., sans le titre de roi, ne peut être attribuée qu'au jeune prince Charles, fils de Philippe II de Tarente et d'Ithamar Lange Comnène, tué en 1315. Il est probable que Philippe l'avait apanagé de la principauté d'Achaïe, ou plutôt, qu'il lui en avait donné le titre à sa naissance (3).

_____

(3) Dutillet; recueil des chartes, page 73.

La fig. 15, Lodo M D. D. B. P. Ach., est indubitablement de Louis de Bourgogne, frère du duc Eudes, marié à Mathilde de Hainaut, fille de Florent de Hainaut et d'Isabelle de Villehardouin. On doit lire *Lodoicus, Mathildis, duces Burgundiae, principes Achaïae*. Ce denier n'a pu être frappé qu'en 1315 ou 1316, années du mariage et de la mort de Louis. Mathilde se remaria en 1317, avec Jean de Sicile, à qui elle apporta la réunion de tous les droits relatifs à la principauté d'Achaïe, par suite de la rétrocession que Philippe de Tarente lui fit en 1312, de ceux qu'il pouvait avoir à cause du retour exercé sur Philippe de Savoie. Pour corroborer encore cette rétrocession, Philippe se crut obligé de racheter, en 1320, les prétentions du Duc de Bourgogne, qui se prévalait d'une donation de Louis, donataire lui-même de Mathilde.

Le revers de ces deniers est toujours le différent *Clarentia*, précédé quelquefois de D'. ou de D'. C., qu'il faut interpréter, dans le premier cas, par *Dux*, et dans le second, par *Dux Clarentiae.*

Clarentia, *Clairmont* (4), était la résidence des princes d'Achaïe et de Morée. Il serait difficile de préciser aujourd'hui le lieu habité de l'ancienne Grèce qui aurait reçu ces dénominations. Quelques auteurs veulent que Clairmont ait été l'ancienne Sicyonne, et son territoire le duché de Clarence, quand d'autres établissent cette résidence à Dymé. Le promontoire Araxe était, suivant un ancien géographe, le *capo Chiarenza* de son temps. D'autres placent Clarentia à Cyllène, attendu que Dymé n'avait point de port (5).

VIII. *Ducs d'Athènes, seigneurs de Thèbes.*

L'investiture du duché d'Athènes, réunissant la seigneurie de Thèbes, fut donnée

---

(4) Un Guillaume de Villehardouin date une Charte à l'abbé de Saint-Remy de Rheims, de *Clairmont, le dernier septembre* 1224. Ce Guillaume paraît avoir été le frère de Geoffroy II.

(5) Notes de la Traduction de Pline par Sivry, liv. 4.

par Baudouin Ier. ou Henri son frère, à Othon de la Roche, seigneur Bourguignon qui, sous les ordres du marquis de Mont-ferrat, avait puissamment aidé à sa con-quête. Il est probable que ce duché relevait de la principauté d'Achaïe. Cependant l'on croit que le titre de grand-duc y fut attaché, sous Guy de la Roche, successeur d'Othon.

Après les deux fils de Guy, Jean et Guil-laume, morts sans postérité, le duché d'A-thènes, héritage d'Hélène de la Roche, de-vint la propriété de Gautier Ier. de Brienne, fils de Hugues de Brienne et d'Hélène. Gautier Ier. fut tué en combattant, dans ses propres terres, contre un corps d'aven-turiers Catalans.

Sous la minorité de Gautier II de Brienne, divers seigneurs s'emparèrent des places du duché d'Athènes, et s'y établirent. Gautier fit, vers 1326, de vains efforts pour rentrer dans ses domaines. Il paraît qu'il finit par céder ses droits à la reine Jeanne Ire. de Naples. De retour dans sa patrie, ce seigneur fut tué à la bataille de Poitiers; il était alors connétable de France. Les biens de la famille de Brienne passèrent après lui à la maison d'Enghien, par le mariage d'Isabelle de Brienne.

L'on sent assez que la cession faite à la reine Jeanne, s'opposait à ce qu'Isabelle portât dans la maison d'Enghien autre chose que des titres honorifiques, relativement aux principautés de la Grèce.

Ainsi ce n'était pas comme héritier du duché d'Athènes, qu'un Gautier d'Enghien devint plus tard seigneur d'Argos. Argos avait été réunie à l'Achaïe par Geoffroy II de Villehardouin; mais comme Guillaume II avait fait beaucoup de cessions tant à l'empire qu'à divers seigneurs, il est probable qu'Argos, alors démembré de l'Achaïe, appartenait à quelque seigneur grec dont ce Gautier d'Enghien aurait épousé l'héritière. Il est constant d'ailleurs que sa veuve vendit Argos aux Vénitiens, ce qui n'eût pas été possible, si cette seigneurie eût fait par-

tie de l'héritage de Gautier de Brienne,
transmis par Isabelle à la famille d'Enghien.

C'est donc à tort que Duby, en donnant
dans son supplément le denier d'un Guy
d'Athènes, *Guido*, l'attribue à Guy, sixième fils de Gautier IV d'Enghien : il ne
peut être que de Guy de la Roche, successeur d'Othon (6).

Les dessins de la planche 1re., fig. 8,
offrent un denier presque semblable à celui
de Duby. Ses légendes sont G. Dux Athènes, Thebe civis (sic). Je crois cette pièce
de Gautier Ier. de Brienne. Ces deux monnaies sont tout ce que nous avons du duché d'Athènes. Il ne nous manque que la
monnaie d'Othon.

Voilà, Monseigneur, le tableau de toute
ma richesse. Je désire, sur-tout, en le
publiant, donner l'éveil aux amis des monnaies du moyen âge, et leur offrir des
données qui facilitent le classement de

---

(6) V. Duby, Récréations numismatiques.

pièces qui restent trop souvent au rebut par la difficulté de leur attribution, jointe au mauvais goût de leur fabrique.

Je n'ai pas dû m'occuper des monnaies des princes normands de Sicile, dont Paruta et ses continuateurs nous ont donné la suite presque complète.

Je ne puis, Monseigneur, terminer cette lettre, sans supplier Votre Excellence d'agréer un nouvel hommage de mon respect.

ATTRIBUTIONS DE LA PLANCHE Ire.

Croisés avant leurs établissemens? Fig. 1 et 2.
Baudouin Ier., empereur de C. P.   3.
Henri, emp. de C. P. . . . . . .   4.
Tancrède, prince d'Antioche. . . .   5.
Roger, prince d'Antioche. . . . .   6.
Gautier, prince de Galilée? . . .   7.
Raymond, prince de Tripoli. . . .   9.
Philippe II, prince de Tarente, empereur titulaire de C. P. . . .   10.
Guy de la Roche, duc d'Athènes, seigneur de Thèbes. . . . .   8.

Cabinet de M. le Bon Marchant. à Metz.

L. 7.
P. 1.

MONNAIES DES CROISÉS.

PRINCES D'ACHAÏE ET DE MORÉE.

Michaud à Metz.

A Romain I, *Lécapène*, des médailles
de bronze, classées par les auteurs à
Romain II. — Attribution à Romain II,
de deux médailles placées par Ducange,
aux incertaines de Jean Zimiscès.

METZ,
25 Août
1817.

I. 8.

A Monsieur Rollin, à Paris.

Monsieur,

Vous regardez, avec raison, le dernier
volume de M. le chevalier Mionnet, comme
le point de repos de la numismatique ro-
maine. Ce qui a été publié depuis ajoute,

en effet, bien peu de chose à son brillant catalogue. (1)

L'on peut cependant espérer que le grand ouvrage annoncé par ce savant numismate, nous offrira des nouveautés, et probablement des rectifications d'attributions, dans la byzantine, qu'il n'a conservées dans son *vade mecum*, que par respect pour l'autorité de ses devanciers.

C'est ainsi que M. Mionnet a conservé à l'article de Romain II, les médailles de bronze, qui offrent au droit le buste d'un empereur, désigné par la légende Ρωμαν. Βασιλεύς Ρωμαιων qui se répète au revers: fig. 1ʳᵉ.

J'ai comparé plus de trente de ces médailles qui, toutes, sont remarquables par la présence de la barbe très-prononcée de l'empereur. Romain II a été revêtu de la

---

(1) On ne peut extraire des inédites de M. Grivaud, que deux médailles de Caracalla, et un petit bronze de Tacite. Le reste, qui se compose d'erreurs monétaires et de barbaries, méritait peu les honneurs du burin.

pourpre à 21 ans : il est mort à 24. On ne peut donc, raisonnablement, attribuer ces médailles à ce jeune prince. Cette barbe ne peut être une erreur monétaire ; les monétaires de C. P. n'en ont jamais commis de semblable.

On doit encore remarquer que le vêtement impérial du buste de ces médailles, diffère du costume qui paraît sur celles de Constantin X et Romain II, tandis qu'il se rapproche beaucoup de celui du buste de Constantin XI, sur les médailles qui sont communes à ce prince et à Basile II, fils tous les deux de Romain II. La byzantine offre plusieurs exemples de ce retour alternatif du même genre de vêtement (2).

Il me semble que le motif principal qui a guidé les auteurs dans le classement de ces médailles à Romain II, a été l'iso-

---

(2) V. ma lettre à M. le chevalier Mionnet, page 91 de ce recueil.

lement du buste impérial. On n'a pas cru devoir donner à Romain Ier, Lécapène, des médailles d'une seule tête, quand on sait que ce prince n'a régné qu'avec Constantin X, Porphyrogénète, son gendre; circonstance qui indiquait naturellement une médaille à deux bustes.

Mais on ne connaît, à ce que je crois, aucune monnaie de Romain Ier. réuni avec Constantin X. Cependant Lécapène se rencontre avec son fils Christophe seul, avec ce prince et Sophie, avec Etienne et Constantin, ses autres fils. De son côté, nous trouvons Constantin X, collègue de Lécapène, avec Zoé, sa mère, et plus tard avec Romain II, son fils.

N'est-ce pas une conséquence toute simple à déduire de la constance de ces associations des princes d'une même famille, à l'exclusion des membres de la famille de l'empereur co - régnant, que chaque auguste exerçait séparément son droit de monnaie?

Maintenant, si l'on ajoute à ces données, celles que peut offrir l'existence indubitable des médailles de Constantin X seul, il restera peu de doute sur la possibilité, des médailles à la seule effigie de Romain Lécapène.

Romain I n'a dû, toutefois, en faire frapper de cette sorte, que du 24 décembre 919, jour de son association, au 17 mai 920, époque de l'élévation de Christophe à la dignité d'Auguste; comme Constantin a pu user de la même faculté depuis l'éloignement de Zoé en 919, jusqu'en 959, que Romain II fut associé à son père.

Aussi voyons-nous que les médailles de bronze de Romain, seul, sont rares, comparées à celles de Constantin X, et cinq fois plus évaluées dans les catalogues.

Le caractère de Romain Lécapène ne nous permet pas de penser que cet empereur ait négligé aucune des prérogatives de sa dignité; et, sans doute, le droit d'effigie sur les monnaies, n'a pas été méprisé par un prince dont l'ambition était excessive.

L'on pourrait encore remarquer, pour aider à l'éclaircissement de la question, que par l'acte d'association de Lécapène, Constantin Porphyrogènète lui avait concédé un droit égal. Ce fait historique incontestable et fort important, n'aurait-il pas déterminé l'exercice séparé du droit de monnaie, comme il a pu permettre à Lécapène, d'élever ses enfans à la dignité d'Auguste, sans la participation de Porphyrogènète? (3)

Je pense, Monsieur, que toutes ces probabilités jointes à l'existence indubitable des signes de la maturité de l'âge sur les médailles de bronze que, jusqu'ici, l'on

---

(3) La faiblesse naturelle à Constantin X, et l'excès de sa déférence pour Romain Ier., paraissent avoir été, si l'on en croit les historiens, jusqu'à céder le premier rang à Lécapène, en se contentant de marcher après la famille de son beau-père. Si tel a été l'état vrai de la situation relative de ces deux empereurs, on doit regarder, comme à peu près impossible, que Romain Ier. n'ait pas eu de médailles avant l'association de Christophe.

a constamment attribuées à Romain II, ne permettent plus de les conserver à ce prince, quand tout nous engage à les restituer à Romain I, Lécapène, Βασιλεο-Πάτωρ.

Ce n'est pas que je veuille priver Romain II des honneurs numismatiques, mais dans la compensation que je vais proposer en sa faveur j'éprouve le regrêt de n'être pas appuyé de preuves aussi complettes que celles que j'ai rencontrées pour la restitution à faire à Romain Ier.

Les médailles que je propose d'attribuer à Romain II, n'appartiennent encore à personne; elles ont été publiées par Ducange parmi les incertaines de Jean Zimiscès. J'ai cru devoir en reproduire les dessins rectifiés à l'aide des individus de ma suite byzantine : fig. 2 et 3.

L'on voit au droit un empereur, *imberbe* debout, tenant de la main droite un long sceptre, ou bâton impérial, et de la gauche le globe. A droite de la figure impériale, on remarque la lettre R, *latine*, au-dessus de trois lignes, deux perpendiculaires, et une horizontale superposée qui complette-rait la lettre grecque π, si la traverse tou-chait aux perpendiculaires; mais la distance est peu de chose. Ne peut-on pas voir dans ces deux caractères, les initiales des mots Ρωμανος Πορφυρογεννητός? et pourrait-on y voir autre chose? Le revers du n°. 1er., offre le Christ assis, sans légende. Le n°. 2 pré-sente une croix ornée dans les cantons de laquelle on lit, IC XC NI KA, Jesus-Christ vainqueur.

Je sais qu'on peut me faire de fortes objections sur le module de ces médailles de petit-bronze, l'attitude de l'empereur, la forme et les ornemens du diadème, enfin sur les types des revers qui s'éloi-gnent de celui qu'avait conservé Constan-tin X.

Aussi je me hâte, pour diminuer la défaveur que pourrait produire cette foule de difficultés, de me retrancher dans l'o-pinion de Ducange. Ce savant, qui semble avoir été doué du talent de deviner les médailles, quand il ne pouvait pas les lire, a fixé l'âge des nôtres au temps de Jean Zimiscès élevé au trône de C. P, le 11 décembre 969, *six ans après la mort de Romain II.*

.Si l'attitude de l'empereur paraît être une nouveauté, pour avoir été abandonnée depuis la famille d'Héraclius, nous la retrouvons bientôt sous Basile II et Constantin XI, *fils de Romain II,* sous Théodora sa petite fille, enfin, sous Isaac Comnène, Ducas, etc.

La forme et les ornemens du diadême n'apportent pas plus de difficultés. Nous voyons tout ce qui se remarque sur nos médailles, quant à la coëffure du prince, sur celles de Zimiscès, de Basile II, et Constantin XI. Cette manière a, depuis ces princes, été généralement et constamment suivie.

Si toutes les différences du côté droit de nos médailles, se remarquent sur les médailles

des successeurs immédiats de Romain II,
et sur-tout sur celles de Basile II et Constantin XI, ses fils, associés à l'empire par
Jean Zimiscès, étant encore enfans, pour-
rait-il y avoir de la témérité à penser qu'elles
aient été introduites par Romain II, lui-
même ?

Les revers ne peuvent prêter aucun appui
à ceux qui voudraient s'en aider pour combattre mon opinion. La figure de J. C. assise,
se remarque aux revers des médailles d'or de
Constantin X et Romain II, de Constantin
Monomaque, etc. De l'or, elle est passée
au bronze sous Michel V. (4) Pourquoi
l'initiative serait-elle refusée à Romain II?
sur-tout quand nous sommes dépourvus de
moyens de comparaison, par le défaut des
médailles de bronze de presque tous les
règnes intermédiaires.

Quant au revers de la figure n°. 3, il
est jusqu'à présent unique de cette ma-

___

(4) Lettre 10, à M. Mionnet, page 91 de ce recueil.

nière; mais l'inscription IC XC NI KA, connue depuis Léon VI, se retrouve sous les empereurs Romain Iᵉʳ., Constantin X, père de Romain II, Jean Zimiscès et sous Romain Argyre. Elle se rencontre encore sur une médaille distinguée par la figure de J. C. et la légende Εμμανυηλ dont l'opinion des savans a fixé l'époque au temps de Jean Zimiscès, mais qui est probablement des règnes des Ducas ou d'Alexis-le-grand. (5)

Je crois, Monsieur, qu'il est temps de finir cette discussion. Si les motifs que je viens de présenter, ne paraisent pas assez puissans pour procurer, à mon opinion, le sceau d'un approbation suffisante, et surtout si, quelqu'un plus heureux que moi, parvient à rencontrer une interprétation plus satisfaisante des deux caractères R π qui se remarquent à côté d'une figure im-

---

(5) V. Ducange, Byz. page 152; mes lettres, deuxième à M. le chevalier Millin, et onzième à M. le Dr. Maréchal.

périale *imberbe*, j'abandonnerai sans beaucoup de peine, la défense des droits de Romain II; mais je n'entends pas renoncer aussi facilement, à ceux, que je crois incontestables, de Romain Ier, à la propriété de la médaille n°. 1er.

J'ai l'honneur d'être bien parfaitement, Monsieur, votre très-humble, et très-obéissant serviteur.

T. 8.

MÉDAILLE INÉDITE

DE MICHEL I.

RESTITUTION

Aux empereurs Michel IV, *Paphlago*,
Michel V, *Calafates*, et Michel VI,
Stratiotique (DONT ON NE CONNAIS-
SAIT PAS DE MONNAIES), de plusieurs
médailles indûment attribuées à Rhangabé et Ducas. — Médailles d'or et
d'argent de l'impératrice *MARIE,
DE MICHEL VI, inconnue dans
l'histoire.*

*A Monsieur le chevalier Mionnet,
premier employé au cabinet des antiques
de la bibliothèque du Roi.*

MONSIEUR LE CHEVALIER,

Vous avez été justement frappé de l'inconvenance de la collocation, à Michel I,
des médailles que Ducange à classées à

cet empereur. Cependant vous lui avez conservé la première, sans doute par respect pour votre savant devancier, mais en convenant qu'elle devait être regardée comme douteuse. Il paraît aussi que vous avez eu des motifs pour donner la seconde à Michel Ducas.

Ces médailles ne peuvent être ni l'une ni l'autre, de Michel Ier. Cet empereur, époux de Procopie, fille de Nicéphore II, Logothète, a dû conserver sur ses monnaies le style et les types qu'avaient adoptés les princes de la famille de Léon l'Isaurien. Nous retrouvons ces formes jusqu'au règne de Théophile qui, après avoir employé dans les commencemens de son règne la grande M des bronzes de ce temps, lui a bientôt substitué l'inscription pleine où se reproduit la légende du premier côté.

C'est avec peine qu'on est obligé de reconnaître que Ducange a commis une double erreur en attribuant ces médailles à Rhangabé, sans avoir été arrêté par le typé des revers, les caractères entièrement grecs de la légende, et le défaut de barbe qui distingue un des deux bustes, quand l'autre en offre une très-forte. Cette dernière circonstance, qui n'a pu vous échapper, Monsieur le Chevalier, indiquait deux individus ou deux époques assez éloignées, et Rhangabé n'a pas régné deux ans.

Déjà Banduri avait élevé des doutes sur l'attribution de Ducange. Il présumait que Michel III et Michel Ducas avaient des droits à ces médailles. Mais Banduri ne remplaçait-il pas l'erreur de Ducange par deux autres erreurs?

Il faut rappeler aussi que la lettre L latine paraît avoir été exclusivement et constamment employée dans le mot MIXAEL, jusques et y compris Michel III. Enfin, ce n'est que sous Romain III, Argyre, prédécesseur de Michel IV, que le Λ grec a été introduit dans le titre BAΣIΛEΥΣ (1).

_____

(1) V. ma lettre à M. le Chevalier Millin, page 21 de ce recueil.

A défaut de documens historiques suffisans, ce ne peut être qu'à l'aide des con-
jectures que permettent l'occurrence de cer-
tains caractères dans les légendes, l'existence ou l'absence des signes relatifs à l'âge
des princes, les différences des costumes,
des attributs, etc., qu'on peut espérer de
sortir de l'incertitude où nous laisse la
similitude des dénominations. C'est en m'appuyant sur tous ces points de reconnaissance,
en usant de toutes les données que peut
offrir l'examen attentif des médailles mises
en regard avec les renseignemens historiques, que j'ai l'honneur, Monsieur le Chevalier, de vous proposer les rectifications
qui sont l'objet de cette lettre.

En respectant les attributions des auteurs,
on n'eût, dans aucun temps, obtenu le
résultat, douteux si l'on veut, mais toutefois probable, que je soumets au jugement
des amis de la numismatique. Il est en
effet incontestable qu'un empêchement in-
vincible à trouver jamais des médailles des

empereurs Michel IV, Michel V et Michel VI, serait de continuer à laisser à Rhangabé et Ducas, celles qui présentent quelques motifs d'attribution à des princes qui sont, peut-être injustement, privés depuis trop long-temps des honneurs numismatiques. Avant d'entamer la discussion, et pour suivre l'ordre des temps, je vous prie, Monsieur, d'accorder votre approbation à l'attribution à Michel Ier. de la médaille de bronze inédite, dont les dessins sont en tête de la planche jointe à cette lettre, fig. première.

On pourrait sans doute revendiquer les droits de Michel II ; mais alors je prierais d'observer que le vêtement du buste impérial de cette inédite diffère totalement de celui du buste de Michel II, sur les médailles qui lui sont communes avec Théophile, tandis qu'il a beaucoup d'analogie avec celui de ce dernier prince. Cet ordre alternatif, dont la byzantine offre d'autres exemples, n'a peut-être pas été sans des-

sein de la part du monétaire. Le prince de
ma médaille porte le globe impérial de la
main droite, ce qui ne se rencontre pas
sur les médailles de bronze de Michel II
et Théophile. Le flan de la médaille, fig.
première, est plus épais que le médaillon
même de ces deux princes.

Sans m'occuper des médailles des empereurs Michel II et III, je vais aborder
la question d'une nouvelle attribution des
deux médailles que Ducange donnait à
Rhangabé.

Je commencerai mon analyse par le buste
imberbe, fig. 3ᵉ. (2ᵉ. de Ducange). On doit
généralement convenir que cette médaille
ne peut appartenir aux empereurs Michel
Iᵉʳ., IV et VI, qui, parvenus à l'empire
dans la maturité de l'âge, ne peuvent se
rencontrer dépourvus de barbe.

Il ne reste que Michel V, Calafates, et
Michel VII, Ducas. Je crois qu'il est facile
de se convaincre que, sur ses médailles in-
dubitables, Ducas est constamment désigné

par le nom de famille Δουκας, quand le titre Δεσποτης ne s'y trouve pas; et c'est une conséquence toute simple, de restituer à Michel V, les médailles distinguées par la présence d'un buste imberbe avec le prénom Μιχαηλ par un Λ, suivi du titre Βασιλευς aussi par un Λ, écrit plus ou moins correctement, et sans le nom de famille Δουκας. Les considérations relatives à la forme du diadème sont encore en faveur de Michel, Calafates.

C'est ainsi, Monsieur le Chevalier, que je crois très-possible de fermer une lacune de notre byzantine au profit de Michel V, élevé sur le trône de C. P. par l'adoption de Zoé, en 1041.

Il faut encore probablement donner à Michel V quelques-unes des médailles de bronze, fig. 6, que rapporte Banduri à l'article de Rhangabé. On ne peut y méconnaître une grande conformité avec le type et le style des médailles de Constantin Monomaque, successeur immédiat de Michel V ; et cette conformité suffirait peut - être pour autoriser la restitution. Parmi ces moyen - bronzes il en est que les deux caractères o Δ, qui terminent la légende, permettent de donner à Michel VII.

La médaille au buste barbu, que l'emploi du Λ et du titre Βασιλεύς nous force de reprendre à Michel Rhangabé, ne peut à son tour être réclamée qu'en faveur des deux empereurs Michel IV et Michel VI.

Il faut avant tout ôter à Michel VII, Ducas, la médaille d'or où se remarque le buste d'un empereur du nom de Michel, sans le nom propre Δουκας, ayant à sa gauche une impératrice de nom de Marie, fig. 5.

Il me paraît hors de doute que c'est par une grande inadvertance que l'on s'est obstiné à voir Michel Ducas dans un buste dont les traits et la barbe ne peuvent appartenir qu'à l'âge avancé, et peut-être à la vieillesse, quand tout invitait à classer cette médaille à un empereur qui ne restait

inconnu qu'à défaut de documens historiques, ou plutôt d'un emploi suffisant de
ces documens. Cet inconnu ne peut être
que l'empereur Michel VI, Stratiotique.

Michel IV, Paphlago, n'a aucun droit à
cette monnaie, quoique son âge s'accorde,
sinon avec les linéamens du buste dont
il s'agit, au moins avec la présence de la
barbe. Ce prince, devenu l'époux légitime
de Zoé, sans que nous trouvions la plus
légère mention d'une première femme,
qu'il aurait dû répudier, de gré ou de force
avant ce mariage, est naturellement exclus
de la concurrence. Les avantages connus
de son physique repoussent également l'attribution qu'on serait tenté de lui faire
de la médaille de Michel et Marie.

Mais il me paraît tout-à-fait convenable
de donner à Michel IV la première médaille de Ducange, qui offre le buste d'un
empereur de haute stature, vêtu avec ma-
gnificence, dont la physionomie appartient
à l'âge mûr, portant une couronne dont

la forme est évidemment d'un temps antérieur à Michel VI, et qui tient de la
droite le labarum, décoré du monogramme, fig. 2 (première de Ducange).

Il n'existe qu'un seul prince en faveur
de qui l'on puisse essayer d'amoindrir les
droits de Michel IV, c'est Michel Iᵉʳ., à
qui Ducange avait attribué cette médaille;
mais le revers n'est pas du temps, et le
grec de la légende, comme le Λ de Μιχαηλ,
s'opposent invinciblement à une attribution
qui déjà était reconnue douteuse.

Si les historiens se taisent sur la femme
de Michel VI, ce n'est pas un motif suffisant pour s'opposer à ce qu'on lui donne
la médaille de Michel et Marie, *au buste
barbu*, qui ne peut convenir à aucun autre
empereur du nom de Michel.

Il faut, à plus forte raison encore, restituer à Michel Stratiotique la belle médaille d'argent que vous rapportez, Monsieur le chevalier, d'après Pellerin, à l'article de Michel VII, Ducas. La légende de

champ qui distingue cette médaille, suffirait seule pour reporter son âge aux temps
antérieurs à Constantin XIII. Mais les signes de vieillesse que présente le buste,
qui semble d'ailleurs indiquer un physique
de peu d'apparence, la fixent à Michel VI,
Stratiotique. V. la fig. 4.

L'équité veut toutefois que je me hâte
de conserver à Michel VII et Marie la médaille, si elle existe, dont Banduri nous a
donné le dessin, et qui, par l'air de jeu-
nesse des deux bustes, leur convient parfaitement, fig. 7 (2).

Je ne sais si je suis parvenu au but que je
m'étais désigné, de restituer à nos collections les médailles de trois empereurs aux-
quels on refusait obstinément les honneurs
numismatiques, en ajoutant encore au catalogue de la byzantine le nom de l'impératrice MARIE, de Michel VI.

_____

(2) Banduri, Numismata, pag. 751.

J'aurais bien encore quelque chose à dire sur les empereurs du nom de Michel, mais le défaut d'objets à comparer, m'oblige à remettre à d'autres temps la publication de mes notes.

Je vous prie, Monsieur, de sacrifier quelques instans à la vérification de mon analyse, dont le résultat ne peut paraître indifférent, puisqu'il s'agit de l'état de quatre têtes couronnées.

Veuillez aussi, Monsieur le Chevalier, agréer une nouvelle assurance de mes sentimens reconnaissans et dévoués.

1.

2.

3.

4.

5.

6.

7.

Michaud.

MÉDAILLE INÉDITE

d'ANDRONIC II, *Paléologue.* — Explication rectifiée du type, d'une rare médaille de JEAN II, *Comnène.*

L.10.

A Monsieur le Chevalier TEISSIER, *Conseiller de Préfecture du département de la Moselle, de l'ordre royal de la Légion d'honneur, etc.*

MONSIEUR LE CONSEILLER,

POUR venger cette pauvre Byzantine de l'opinion peu favorable, et trop sévère peut-être, que vous avez manifestée sur le style des médailles qui la composent, je cède au désir de vous faire parrain d'un nouveau né de cette grande famille.

Ce nouveau né est une médaille de bronze d'Andronic II, Paléologue, dont les dessins sont en tête de cette lettre, fig. 1ʳᵉ. Andronic III pourrait y prétendre ; mais l'air de vieillesse qui s'y remarque me semble mieux convenir au premier de ces princes. Andronic II a régné treize ans seul, avant l'association de Michel IX, et quatre ans après la mort de ce prince. Il avait soixante-six ans lorsque l'amour de la paix l'engagea à partager le trône de C. P. avec Andronic III ; ce dernier est mort âgé seulement de quarante-cinq ans. On peut conjecturer que cette médaille inédite a été frappée après la mort de Michel IX, vers 1320. Le revers est occupé par l'image de St.-Démétrius nimbé, debout, tenant de la droite une lance, et de l'autre un bouclier. A droite et à gauche on lit : O ΑΓΙΟΣ ΔΗΜΗΤΡΙΟΣ. (1)

Je saisis, monsieur le conseiller, l'occa-

---

(1) On remarque très-distinctement le trait qui lie l'H avec les lettres Δ et M. Cette disposition n'aurait-elle pas quelquefois trompé les observateurs qui auront cru voir l'emploi de l'I en remplacement de l'H, quand le défaut de conservation pouvait d'ailleurs se prêter à la méprise ?

sion de cette lettre, pour vous soumettre une nouvelle explication du singulier type qui se remarque sur une médaille de bronze de Jean II, Comnène, que nous a fait connaître Banduri (1).

Ce savant a cru voir dans le sujet de cette médaille, une espèce d'adoration, un hommage rendu à la Vierge par des étrangers coëffés de capuchons. Il est possible qu'un défaut de conservation ait permis cette fausse interprétation. Je joins ici les dessins d'une médaille de petit-bronze, qui a les plus grands rapports avec celle de moyen-bronze que rapporte Banduri, fig. 2. On peut compter sur leur exactitude.

On voit distinctement au revers la Vierge assise, élevant les bras au ciel, dans l'attitude de l'effroi. Devant elle, paraissent les supplians de Banduri, couverts d'armures complettes, dont la partie supérieure est un camail militaire, et tenant à deux mains des lances dont ils enfoncent les fers dans le corps même de la Vierge. Banduri

_____

(1) V. Banduri, numismata, p. 756.

avait pris les lignes horizontales formées par les hampes de ces lances, pour des accessoires du siège de la Vierge : la parfaite conservation de l'individu qui fait partie de ma suite, ne laisse aucun doute.

Ce type est extrêmement remarquable. Les monétaires de C. P. avaient cessé, depuis long-temps, de représenter des actions ou des sujets, au revers des médailles, et cette nouveauté, sous le règne de Jean Comnène, est de nature à exciter vivement la curiosité. Il ne suffit pas, sans doute d'en reconnaître la singularité, il faut découvrir les motifs du monétaire, qui, en s'écartant du système suivi, a dû céder à des considérations d'un ordre supérieur. Consultons l'histoire. Jean Comnène eut plusieurs guerres à soutenir, et, si l'on excepte ses difficultés avec les Croisés d'Antioche, ce fut toujours contre des ennemis du nom chrétien qu'il eut à combattre. Les Turcs, les Scythes, les Huns, éprouvèrent tour à tour les effets de la vigueur, avec laquelle cet empereur sut repousser les invasions de ces peuples barbares.

Il était conforme à la politique de ce temps, de faire considérer ces sortes de guerres, comme de vraies croisades pour la défense de la religion que la nature de ces invasions confondait avec l'intérêt de l'état. D'un autre côté Jean Comnène, *Calo-Jean*, que l'histoire nous peint comme un grand homme doué des plus éminentes qualités du prince et du général d'armée, n'a pas dû négliger l'emploi de petits moyens, quand l'esprit du siècle pouvait y faire trouver de grands avantages.

Pourquoi Jean Comnène n'aurait-il pas mis au nombre des ressources propres à seconder ses projets, le bon effet que devait naturellement opérer sur l'esprit du soldat, l'image des périls de la religion, toujours présens à ses yeux sur la monnaie de l'empereur? (*)

_____

(*) L'intention de Comnène se rapprochait des motifs de Constantin-le-grand, lorsqu'après avoir arboré le labarum dé-

Il est probable d'ailleurs, que des excès de la nature de ceux que retrace la médaille, auront donné l'idée d'un moyen qui, recevant une nouvelle force de la réalité, ne pouvait manquer de procurer le résultat qu'en attendait l'empereur.

Je désire, monsieur le conseiller, que cet exemple du retour des monétaires de C. P., vers le système des *sujets*, vous rende plus indulgent, et vous permette de considérer leurs dessins d'un œil moins prévenu.

Recevez, mon cher conseiller, une nouvelle assurance de mes sentimens inviolablement dévoués.

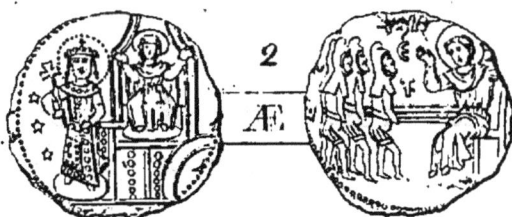

coré du monogramme, il le plaçait encore sur la monnaie de l'empire; mais l'urgence de la situation de l'empire Grec sous Comnène demandait quelque chose de plus expressif, qui, tout en excitant le zèle religieux, en dirigeât simultanément l'énergie vers la défense de l'état.

MÉDAILLES

INÉDITES

Des empereurs MICHEL VII, *Ducas*, ALEXIS Ier, *Comnène.*—Petit-bronze de MATHIEU, *Cantacuzène*, ou de MICHEL IX, *Paléologue?*

T. II.

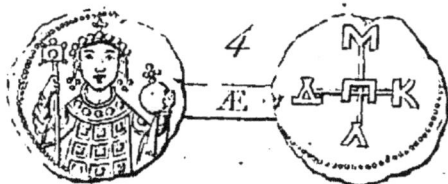

A Monsieur le Docteur J. B. Maréchal,
à Besançon.

Je vous remercie, mon cher ami, du charmant cadeau que vous m'avez fait, en m'envoyant quatre jolies médailles de bronze que vous n'avez pu classer, et qui sont véritablement d'une difficile explication. Je crois être parvenu à les *deviner;* mais comme, dans ces matières, personne n'est obligé de croire sur parole, je prends le

parti de soumettre mes motifs à la censure.
Il était tout simple, qu'en appelant le public à prononcer en dernier ressort, la
question fût présentée sous les auspices de
l'auteur de la *trouvaille*.

Le premier de ces bronzes, fig. 1re, présente le buste d'un empereur, tenant de la
droite, une croix au lieu de sceptre, et le
globe impérial de la gauche. Cette médaille
est sans légende, car le caractère qui se
remarque à la droite de la figure, peut être
une petite croix, comme un x. Au revers,
on voit une croix ornée, dans les cantons
de laquelle se remarquent les quatre lettres
C. Φ. M. Δ., qu'il faut traduire par
Σταυρε Φιλασσε Μιχαηλην Δεσποτην. Cette médaille est d'un empereur du nom de Michel:
mais il fallait réunir la seconde, fig. 2,
où se trouvent les trois caractères Δεκ , pour
dissiper tous les doutes. Elles sont donc
l'une et l'autre de Michel VII, Ducas.

Le n°. 3 appartient à l'empereur Alexis-
le-grand, successeur de Michel VII. La

légende du côté de la tête, n'est pas conservée, mais la forme du caractère qui est placé dans le troisième canton de la croix du revers, ne permet pas d'y voir la lettre M, comme dans les n°s. 1er. et 2. Il est évident que le graveur, en séparant par un trait horizontal, les deux lettres Λ et Λ, a voulu éviter qu'elles ne fussent prises, étant trop rapprochées l'une de l'autre, pour la lettre M. On peut me répondre que la lettre Λ suffisait : soit; mais il y un Λ et un Λ, ce qui ne pouvait nuire.

Ce bronze nous apprend qu'Alexis Comnène a suivi, dans les commencemens de son règne, quelque chose du système qu'il avait trouvé établi, pour les monnaies de bronze, système, dont les premiers monumens semblent devoir être rapportés au règne de Romain Diogène, et que nous venons de retrouver sous Michel Ducas.

En comparant la croix du revers de nos médailles, à celle qui se remarque au revers d'une des incertaines de Jean Zimiscès, n°. 6

de Ducange (1), l'on sera frappé de la conformité des deux types, et l'on aura une donnée de plus pour se persuader que les médailles pieuses, de grand et moyen-bronze, sont de différens règnes.

Lorsque j'ai cru pouvoir attribuer à Romain III et Nicéphore III, des médailles, dont le côté droit ne diffère du revers de celles-ci, que par la forme de la croix, je n'espérais pas en rencontrer qui pussent prêter un nouvel appui à mon opinion. Je pense qu'il ne doit plus rester de doutes (2).

Je vais maintenant m'occuper de la troisième médaille que je dois à votre amitié, fig. 4. On voit au droit le buste d'un empereur, tenant de la droite un sceptre court, et de la gauche le globe impérial. Il n'y a pas de légende. Le revers est distingué par une croix linéaire. A l'extrémité des quatre lignes on remarque les lettres M. X. Λ. Δ., un Π. occupe le centre.

(1) Ducange, Byz. page 152.

(2) V. ma lettre à M. Millin, page 19 de ce recueil.

La lettre м, qui m'a paru devoir être l'initiale de cette singulière légende, m'a donné l'idée d'un empereur du nom de Michel; la croix indiquait assez une époque voisine de Michel Ducas : mais ce n'a pas été un petit embarras, que d'assembler les autres caractères pour obtenir une phrase convenable.

J'ai d'abord lu par м. к. λ. Δ. π., ce qui pouvait me donner Μιχαηλ Δεσποτης; mais ne connaissant aucun exemple de l'emploi du к au lieu du x, sur les médailles de C. P., j'ai dû chercher le sens d'une autre manière. Ayant enfin réfléchi que le troisième caractère que je prenais pour un λ, pouvait être un a, je me suis arrêté à lire en rétrogradant, par м. Δ. a. к. π., et j'ai cru avoir trouvé Μιχαηλ, Δουκας, αγγελος, Κομνηνος, Παλαιολογος ; Michel Paléologue.

On sait que Paléologue, en rentrant dans la capitale de l'empire grec, reprise sur les français, par le César Stratégopule, s'est attribué les noms de famille de tous ses prédécesseurs, dans l'ordre où je les rencontre sur la médaille.

Ce petit-bronze semble toutefois ne pouvoir être de Michel VIII; l'absence de la barbe ne permet pas de le donner au premier des Paléologues: mais il pourrait être de Michel IX. Cependant, et il faut bien encore en convenir, nous sommes arrêtés par la circonstance de l'association constante de Michel IX avec Andronic II, qui apporte une grande difficulté à ce qu'il y ait eu des monnaies du premier de ces princes, avec une seule tête. Cette probabilité que j'ai dû admettre pour Romain Ier, Lécapène, n'est pas également applicable au fils d'Andronic II. L'absence du titre Δεσποτης, dans cette attribution, n'aurait au surplus rien de gênant, si l'on veut rappeler à son souvenir que les Paléologues semblent l'avoir méprisé, Michel VIII l'ayant remplacé par les titres pompeux Βασιλευς, Αυτοκρατωρ et Νεος-Κωνσταντινος, que ses successeurs ont conservés en tout ou partie.

Cette explication incomplette, ne me satisfait pas assez, sur-tout à cause de la difficulté qui résulte de l'isolement du buste impérial, qui pourrait être un empêchement dirimant.

Je ne m'opposerai donc pas à ce que cette médaille soit donnée à Mathieu Cantacuzène, en lisant par M. K. etc. Il faudrait alors employer le caractère A. par Ασανες. Ces deux derniers resteraient pour Δεσποτης: Mathieu prenait le surnom d'Ασανες, du chef de sa mère Irène, fille d'Andronic Asan.

Cette seconde manière de considérer la chose, semble même devoir rencontrer peu de contradictions, quand on sait que Mathieu Cantacuzène n'était pas de la famille de son collègue Jean V, Paléologue, et qu'associé par ce prince, avec des pouvoirs égaux, le droit de monnaie lui appartenait comme à Paléologue, qui, mécontent du partage auquel il avait été forcé, a dû naturellement préférer l'isolement des deux empereurs, sur les monnaies de C. P.

Ce serait une circonstance égale à celle que j'ai fait remarquer à l'occasion des médailles de Romain Ier, Lécapène, collègue de Constantin X, Porphyrogénète (3).

J'espère, mon cher ami, que l'été prochain vous ramenera pour quelques temps parmi nous. J'aurai à vous faire voir des choses qui vous feront plaisir.

II.

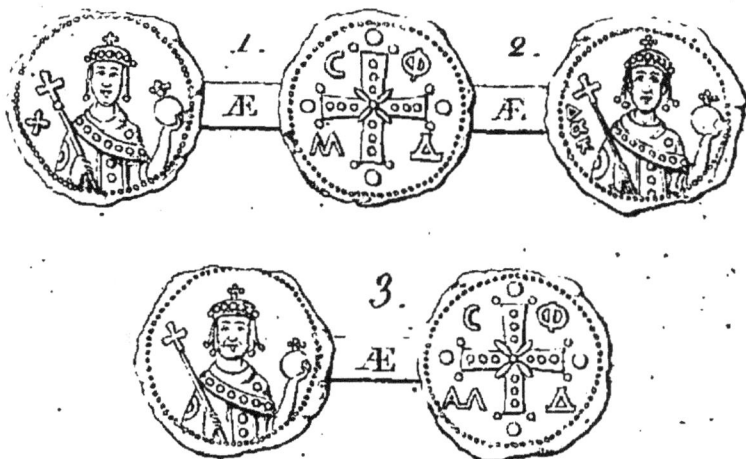

---

(3) V. ma lettre à M. Rollin, page 80 de ce recueil.

PREMIÈRE MONNAIE

Episcopale ; — Seule monnaie d'or, *légitime*, d'un Evêque Français.

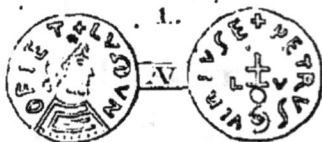

Michaud à Metz

A Monsieur DU POUJET, *à Paris.*

MONSIEUR ,

J'AI l'honneur de vous adresser les dessins d'une rare et jolie petite monnaie d'or frappée à Lyon vers la fin du 7e. siècle, ou au commencement du 8e. : c'est un tiers de sol d'or qui a conservé le poids de vingt-quatre grains : on s'aperçoit facilement à son contour qu'il a pu en perdre quatre.

Cette monnaie est intéressante à plus d'un titre , sur-tout pour vous, Monsieur, qui aimez à recueillir tout ce qui peut concer-

ner l'histoire numismatique de nos trois dynasties.

Au droit de cette pièce se trouve évidemment le buste d'un roi mérovingien, avec
la légende Lugduno fiet (1). Mais quel était
ce roi Français ou Bourguignon ? voyons
au revers : une croix pattée sur un globe ;
dans le champ à droite et à gauche, les
lettres L. V. diffèrent de Lyon : pour légende Petrus ʕvinius E (*Sic.*). La lettre
E représente le mot *Episcopus*. Cette monnaie est donc d'un temps antérieur à l'é-
poque où l'évêque Aurélien, institué en
875, prit le titre d'archevêque ; *Pierre* était
le prénom de cet évêque : mais comment
exprimerons-nous la partie de la légende
qui doit être le nom propre ?

Consultons l'histoire de Lyon, la *Gallia
christiana*, etc. La plupart des prénoms
des évêques antérieurs à Aurélien, nous

(1) Il serait superflu de s'étendre sur les causes des nombreuses erreurs monétaires qui se rencontrent si communément
sur les monnaies mérovingiennes.

manquent : il est de toute impossibilité d'employer ce *Petrus* d'une manière utile. Cherchons donc à interpréter le reste de la légende. *Guinius* et *Quinius* ne produisent rien. Mais le premier caractère paraît assez singulier pour donner l'idée d'un monogramme ou d'une lettre complexe *(litterae colligatae)* : ne pourrait-on pas en effet en former une syllabe? La courbe supérieure peut représenter un G , et l'inférieure un D ; quand le point de réunion des deux simulerait assez bien la lettre O : nous aurions la syllabe *God* qui, unie au reste de la légende, nous offrirait le mot entier *Godvinius.*

Retournons aux sources historiques. Un certain *Godinus, Gudinus, Gadinus, Godwinus,* car le nom se trouve écrit de toutes ces manières, a été élevé au siége de Lyon, en 693 : il est mort dans cette ville en 707. Si l'on ne trouve rien sur ses prénoms, qu'il était alors peu commun de choisir parmi les noms des saints, l'on voit qu'il a manifesté la volonté d'être inhumé dans l'église du monastère de Saint-Pierre, *in ecclesia mo-nialium Sancti-Petri* (2). Pourquoi cette préférence? On peut en induire que c'est parce qu'il se nommait Pierre.

L'épiscopat de Pierre Godvin répond aux règnes des rois de France Clovis III et Childebert III. Lyon était alors une dépendance de la monarchie française.

Ce petit monument est remarquable. C'est la première monnaie épiscopale connue, et peut-être la seule monnaie d'or, *légitime*, d'un évêque français. Le buste du roi prouve incontestablement que le droit du prélat était une concession royale (3). Elle détermine enfin la véritable orthographe du nom de cet évêque, dont elle seule fait connaître le prénom. Quant à la figure royale

---

(2) Gall. Christ.

(3) Il est fâcheux que la monnaie de Pierre Godvin n'ait pas été connue plutôt, et dans le temps où l'on entreprit de soutenir certaines prétentions; elle n'aurait sans doute rien ajouté aux droits du prince : mais elle aurait pu amoindrir les motifs et la confiance des défenseurs de l'évêque de Lyon.

qui s'y trouve, on peut la donner également à Clovis III, et à Childebert III : peut-être est-elle celle de Thierry III, si la charte de concession est de ce prince (4). L'on a des exemples de monnaies à l'effigie des princes concessionnaires, quoiqu'elles aient été frappées long-temps après leur mort (5).

Je termine cette lettre par les dessins de deux monnaies d'or inédites de la première race. L'une est de Clovis-le-Grand : je la crois de Mons, *Castrum Lucidunum.* L'autre est un monétaire nouveau du royaume d'Austrasie. Elle a été frappée à *Scarponne*, aujourd'hui *Charpagne*, petit village dans une île de la Moselle, au-dessus de Pont-à-Mousson, vis-à-vis Dienleward, où l'armée d'Attila fut défaite pour la troisième fois en 451. Des fouilles faites à Charpagne ont souvent

---

(4) Les historiens français font mention d'une charte de Thierry III, en 680, portant concession du droit de monnaie à l'évêque du Mans. La charte nous est parvenue, mais non la monnaie : l'on ne connaît du Mans que des deniers.

(5) Les monnaies municipales de Besançon.

procuré des restes curieux d'origine évidemment Gauloise; et, parmi ces restes, des
débris d'armes, et des haches parfaitement
semblables à celle qui a été trouvée dans le
tombeau de Childeric I.

*Agréez, Monsieur, l'hommage de mes
sentimens dévoués.*

.12.

Michaud à Metz

TABLE ALPHABÉTIQUE.

Les médailles et monnaies inédites *sont désignées par le signe* ❀ ; *et les rectifications d'attribution par deux astérisques* **.

ADDITION ET CORRECTIONS.

Ajoutez à la page 108, après le mot *empereur*, l'alinéa suivant :

Le côté de cette médaille, que l'on peut considérer comme le droit, d'après celle de Banduri, offre une singularité remarquable. Tandis que la Vierge est représentée assise sur un siége élevé, tenant les bras dans l'attitude de l'effroi, on voit à côté de cette espèce de trône, une figure impériale *nimbée*, tenant de la droite une petite croix. D'après la médaille de Banduri on est porté à voir dans cette figure l'empereur Jean Comnène, dans l'attitude de défenseur de la Vierge. Mais les pieds reposent sur un coussin, ou carreau, en présence de la Vierge, *le globe impérial n'existe pas dans la main gauche*, et ces deux circonstances semblent exclure l'empereur. Ne pourrait-on pas soupçonner ici que, sous le costume impérial, le graveur ait eu l'intention de représenter un des saints particulièrement révérés par les Grecs, comme saint Démétrius ou saint Eugène?

Page 78, avant-dernière ligne, au lieu de Guy de la Roche, *lisez*, Gautier I de Brienne, *comme au texte.*

Le lecteur érudit est prié d'excuser l'inadvertance qui a permis l'emploi vicieux, qui se rencontre en plusieurs endroits, des lettres grecques ε, τ, ο, au lieu de η, θ, ω, etc.